ナラティブで
ひらく
言語教育

理論と実践

北出慶子・嶋津百代・三代純平 編

新曜社

はじめに

　急激なグローバル化により人の移動やモノの表面的な多様化が進む一方で、偏見や差別の問題は根深く、反動として分断や疎外の動きさえも生まれています。また、国、民族、ジェンダーといった既存の枠組みにとらわれない生き方を望む人が増えているにもかかわらず、支配的な「あるべき姿」に押し込められ、生きづらさを感じている人もいます。このように多様な価値観が身近に存在するなかで、職場、学校、地域において掲げられた「多文化共生」は、名ばかりのものとなってしまっています。

　このような社会のなかで、ことばを扱う言語教育は何ができるのでしょうか。「ことばは、情報を伝える手段の一つにすぎない」という人もいます。しかし、ことばによって傷つき、絶望することもあれば、ことばによって癒やされ、将来の道筋が見えてくることもあります。ことばは、現実を映し出すだけではなく、物事や経験を捉え直し、さらには新しい方法や未来の在り方を生み出すこともできます。すなわち、ことばを学び、その支援をするということは、自己実現を後押しし、社会をも変えうることにつながります。私たちは、言語教育の意義をこのように捉え直し、現代社会が抱える課題に向き合いたいと考えています。そして、そのための手段として、複数のことばで紡がれた経験談や人生物語であるナラティブのもつ力に注目しています。

　一つは、個人の主体的成長を促す力です。語ることは、時間的縛りから解放され、過去、現在、未来の時空間を自由に行き来することを可能にします。このような自己省察により、成りたい自己を描き、主体的な学びを促すことができます。もう一つは、人権に関わるエンパワメントの力です。ことばにして誰かと対話することは、価値観の違いを超え、新しい捉え方に気づくきっかけとなります。語りによって可視化された声は、社会での支配的な通念に対して異なる視点を示し、それがたとえ少数派であっても社会変革をもたらすことを可能にします。ナラティブのこの二つの力は、当然のことながら切り離すことができないものです。社会的な対話のなかで芽生えた考えは、

個人の主体的な学びを促し、個々の捉え直しは社会的な変革へと広がっていくからです。

　本書では、このようなナラティブ的な発想で物事を捉える意義や実践を「ナラティブ・アプローチ」という形で示すことで、多様性が前提となる社会における新たな言語教育の輪郭を描いていきます。本書の第Ⅰ部理論編では、言語教育、言語教師教育、異文化間教育の分野でナラティブを用いたさまざまな研究に取り組んできた編者たちが、ナラティブ的な考え方の特徴や意義について解説します。理論編を担当した編者3名はそれぞれ、第二言語学習者・教師の成長（北出）、「当事者」のエンパワメント（三代）、ディスコース分析（嶋津）、といった異なる観点からナラティブ的な発想が言語教育にもたらす意義について提案しています。第Ⅱ部の実践編では、留学生教育、異文化間教育、外国にルーツをもつ子どもの支援、地域の多文化交流支援、言語教師研修、など多様な現場に関わってきた編者を含め10名の執筆者がナラティブを用いた教育的・社会的実践例を紹介しています。さまざまな実践の在り方は、理論編で示されたナラティブ的な発想が読者の方々の身近な文脈のなかでどのように具現化できるのかを考える大きなヒントとなります。

　本書で掲げるナラティブ・アプローチを軸に、分野、専門、世代、職場といった既存の枠組みを超えてつながり、一人ひとりの多様性を尊重できる社会創りに踏み出したいと考えています。「ナラティブって何？」「多文化共生って絵に描いた餅なの？」「新しい時代の言語教育はどうあるべきか」といった疑問をもっている方にも是非、手に取っていただきたいと願っています。

編者一同

目　次

装幀＝臼井新太郎

第 **I** 部

理論編

1 章

言語教育とナラティブ

なぜ、ナラティブなのか

北出慶子

　本章では、「ナラティブとは何か」「言語教育をナラティブ的な発想で考えることにどのような意義があるのか」について考えていきます。ナラティブ的な発想では、物事を理解するときに時間軸と社会的文脈のなかで意味を捉えます。ここでも、言語教育を取り巻く社会的な変化とそれらに連動した学問的な考え方の軌跡をたどり、ナラティブが注目されるに至った背景からその意義をみていきます。そのうえで多様な価値観や生き方が共存する時代の言語教育においてナラティブができることは何かを共に考えていきましょう。

1　「ナラティブ」とは何か

　ナラティブの捉え方は、各分野における歴史的背景や個々の研究者の哲学的土台によっても幅広く、多岐にわたります。たとえば、語られたものを対象とするのか、語りの行為そのものなのか、または、分析の対象は語りの構造なのか語られた内容なのか、さらには、語られた内容にどのような意味があると考えるのか、といったようにナラティブに対する考え方はバラエティに富んでいます。特に言語に関する分野においてはナラティブの構造分析 (e.g., Labov & Waletzky, 1967/1997) が社会言語学や談話分析として先行していました。その後、1990年後半から人文社会系分野で支持されてきた「語られた内容に着目する」ナラティブが応用言語学にも導入され、現在、言語教育に関しては異なる立場の研究がナラティブとして混在してしまっています。また、ナラティブにあたる適切な日本語訳がなく、カタカナで表示されることで実体が捉えにくくなっています。「物語」や「語り」と訳されることもありますが、既存の日本語に置き換えてしまうとナラティブ的発想の特性が埋もれてしまう恐れもあり、カタカナ表記が使用されているといえます。

ナラティブの多様性を包み込む広義の意味としては、医療社会学や臨床社会学においてナラティブ的な物事の捉え方を提唱している野口（2018）による「複数の出来事を時間軸上に配列することで成り立つ一つの言語形式」（野口，2018，p.53）が参考になります。しかし、この定義は形式的な特徴に特化していて単純明快ではあるのですが、ナラティブ的発想の特色や意義が伝わりにくいのが難点です。そこで、本書では形式的な定義に加え、社会学においてナラティブの研究に長年携わってきたチェイス（Chase, 2018）による「個人的な語りとしてのナラティブの定義」を参照することとします。以下は、質的研究の手引き "The Sage handbook of qualitative research" に収められた「ナラティブ探求」の章に書かれている定義です。

　　　ナラティブは、経験を形づくるという過程を通した意味づけである。それは、自身と他者の行動を理解するための一つの方法であり、その関係性において出来事、事象、感情、考えを統制化する方法でもある。また、過去、現在、未来といった時空間を超え、行動、事象、感情、考えを関連づける方法でもある。

（Chase, 2018, p.549, 筆者訳）

　チェイス同様に機能面に注目した研究者（Ochs & Capps, 2001; Kramp, 2004）は、ナラティブを「物事や経験に意味づけをする行為」としています。人間は、語ることによって何かの事象や経験が自分にとってどういうもので、どのような意味をもつかを理解することができます。過去の出来事について語る際には、取捨選択しながら出来事と出来事を関連づけ、物語として筋道を立てていきます。語ることは、過ぎ去った出来事を時間的にも心理的にも距離をおいて現在の自分と関連づける行為となるのです。

　本書では、このようなナラティブの機能面に注目した切り口として「**ナラティブ・アプローチ**」（野口，2009）という考え方を軸にします。ナラティブ・アプローチは、心理療法や対人援助をはじめ、医療、介看護、福祉などの領域で発展してきた概念で「ナラティブという概念を手掛かりに現象に迫る方法の総称」（野口，2009，p.18）です。このアプローチは、研究の枠組みだけではなく、「ナラティブ・セラピー」のように語りを通した臨床実践にも用いられています。言語教育においても、ナラティブ的な発想が現代社会に合っ

た研究と教育的・社会的実践の両方の在り方を示してくれると考えています。

2　本書における「言語教育」の捉え方
── 分野を超えた新たなつながり

　本書のタイトルには「言語教育」ということばが入っていますが、本書では言語教育という分野自体の範囲・領域の捉え直しを試みています。そもそも、「言語教育」「外国語教育」「異文化間教育」というのは、人間によって創られた概念であり、絶対的な根拠をもつ分類ではありません。たとえば、欧米では生成文法のチョムスキーに代表される伝統的な言語構造主義の言語学に対して、「応用言語学」という学術領域が一大勢力として確立しています。「応用言語学」には、社会言語学や第二言語習得も含まれ、外国語教育関係の研究者や教師の多くはこの領域に属しています。しかし、日本では、「応用言語学」というくくりではなく、「英語教育」や「日本語教育」といった言語別に区別された学会や専攻が並び、言語によって研究者・教師が分けられる傾向にあります。「応用言語学」「○○語教育」、というどちらのまとめ方も絶対的なものではなく、同じとされる分野のなかでも哲学的な違いはもちろん、興味関心の対象も幅広く、分野としてまとまる意義は薄れつつあります。

　このような既存の枠組みにおける意味が薄れてきた背景には、社会的な変化があります。90年代後半からのグローバル化やデジタル化といった急激な社会変化により、言語や文化に関する領域も従来型の考え方では対応できない局面を迎えています。特に90年代後半からの哲学的な転換では、言語を見るか言語使用を見るかといった研究対象のレベルの問題ではなく、何を現実として捉えるかといった根本的な見方の違いが生じています。つまり、そもそも文化とは何か、ことばとは何か、学ぶとはどういうことか、といった考え方の違いが表面化してきたといえます。

　伝達行為における言語機能の重要性を提唱したことでも有名なハリディ（Halliday, 2001）は、応用言語学の将来として既存の学術的分野に縛られるのではなく、共通するテーマや課題に沿った「**トランスディシプリン**」という考え方を提唱しています。時代の必要性に応じ、共通の目的意識をもった

つながりは、有機的な協力体制のもと、より社会にとって意味のある存在となります。「トランス」（融合）という考え方は、国際的、学際的、などに代表される「インター」とは異なります。学際の場合は、既存の枠組みはそのまま保持し、お互いに部分的に交流するものです。一方、トランスは、既存の枠組みさえも解体し、新たな領域を創造しようとするものです。

　本書では、多文化・多言語社会をより良い方向へ創っていくという目的意識を共有したトランスディシプリンな領域としてナラティブ・アプローチを提案します。ナラティブ的な発想は、すでに教育学、心理学、社会学、などで普及しつつありますが、本書では、特にことばや文化に関係する教育や学習支援に携わっている人々にむけてナラティブ・アプローチという考え方を発信したいと考えています。既存の「〇〇語教育」「応用言語学」「異文化間教育」「国際教育」といった枠組みを超えたつながりや融合はすでに個々の研究者・実践者のなかには存在しているはずです。しかし、この融合による新たな可能性や発想、そして研究者・実践者のアイデンティティは、既存の社会的枠組みに押し込まれ、埋没してしまっています。本書では、あらためてそのような今の社会に必要な発想や可能性をナラティブ・アプローチという領域として開放することで、社会的に豊かな発展をもたらすことができると考えています。

3　なぜ、今、ナラティブなのか
── 社会変化と思想的転換

　ナラティブ的な発想は、この間の社会変化と密接に関係し、1990年代後半から急速に広がりを見せています。ここでは、社会情勢における変化とそれに伴う言語や文化に関わる分野の変化についてみていきます。グローバル経済とデジタル時代による社会変化として、国連開発計画の *Human Development Report*（UNDP, 1996）では、空間の縮み、時間の縮み、境目の消失を挙げています。2020年の新型コロナウイルスが短期間で世界的なパンデミックとなり、世界中を震撼させたことからも、この三つを実感している人も多いはずです。国連の同報告書ではこのような変化により、人やその文化が入り混じり、考え方、価値観、生活形式はそれまでにない形で発展して

きていると指摘しています。文化的側面でいえば、当然、これまで以上に文化の接触が激しくなり、そこから新しい何かが生み出されることもあれば、亀裂が生じ、人々の分断も起きやすくなっています。一方、経済面でも、資本、労働力、貿易などのグローバル化は身近なものとなりました。地球規模で資本が流通することで個々の地域の特性が薄れ、同質化やポピュリズムが蔓延し、経済・政治的権力の一極集中や格差が公然化してきたといえます。

(1) 社会変化による思想的転換 ── ポストモダニズム

大衆消費社会や高度情報社会への動きは、人々の価値観や考え方にそれまでにない大きな転回をもたらしました。これによって新たな哲学的流れとそれに関連した国や文化の捉え方への変化が生まれたのです。このような新しい考え方は、それまでのモダニズム時代と区別され、総称して**ポストモダニズム**と呼ばれています。モダニズム時代の社会では、国や家族といった所属場所によって何者であるかが決まっていました。また、求められていた知識も、一般的で多くの人々に共通するとされた客観的事実でした。これに対しポストモダニズムは、個々のアイデンティティ、複雑性、多様性、特定性に重点をおくようになったのです。同質性を前提とし、知識、階級、民族、性別などが絶対的で変わることのないものと考えるモダニズムに対し、ポストモダニズム的思想では、このような概念はいずれも社会のなかで創られたものであると指摘され、権力構造や格差社会といった問題が焦点となりました。ポストモダン的な考え方として、特に以下の三つの思想的転換は、ナラティブ・アプローチによる語りや現実の捉え方を理解するための重要な流れとなっています。

まず一つめは、ポストモダニズムの根底的な思想となる**ポスト実証主義**（post-positivism）です。実証主義的考えでは、現実は個々の人々の情的な部分とは別のもので、観察可能な因果関係が客観的に認められるものだけが現実であるとしています。しかし、ポスト実証主義的考え方では、現実は一つとは限らず、違った見方によって多数存在しうるという立場をとっています。すなわち、だれにでも普遍的な現実が一つ存在するのではなく、それぞれの時空間で個々の視点によって現実が捉えられるという多元的な立場です。このような考え方は、普遍性から特化型へという思考の転換とマイノリティの

視点への関心をもたらしました。

　たとえば、フェミニズム運動などでマイノリティである当事者の語りの重要性が社会的に認められるようになり、個々の当事者性が社会への影響力を強めてきています。2016年の「保育園落ちた、日本死ね！」という、子どもをもつある女性のブログでの投稿は、国会での議論に取り上げられ、待機児童や保育士不足といった問題が明らかになりました。ネットが普及する以前であれば、このような特定の個人の声が国を動かすようなことにはならなかったかもしれません。女性への性的嫌がらせなどの被害に対する"#MeToo"運動や人種差別への抗議で広がった"Black Lives Matter"運動など、SNSによって一般庶民の声が世界的な力をもちうることが示されてきました[1]。

　次に、言語学における大きな転換となったのが、**ポスト構造主義**（post-structuralism）です。言語学者ソシュール（1959/1972）による言語の恣意性、つまり、「言語」と「言語によって意味されるもの」の関係には必然性がないという言語論的転回の考えに基づいたのが、ポスト構造主義です。たとえば、「人種」ということばがあることにより、「白人」と「黒人」の間に健康面や知能において違いがあるかのような考え方が生まれます。しかし、ポスト構造主義の考えでは、これらは根拠のない区別であり、むしろ差別を生む考え方と捉えることもできます。文化、人種、ジェンダーなどの概念は、すべて社会的に創られた概念だと考えられるからです。文学研究者のバーバ（Bhabha, 1994）は、その著書『文化の場所』のなかで自身のマイノリティとしての経験とトランスナショナルな人生を例に、国家に帰属するのが当然と考える固定的なアイデンティティの捉え方に疑問を投げかけました。彼の思想によってマイノリティの権利や文化的多様性の重要性が認識されるようになりました[2]。

　最後に、思想的転換のなかでナラティブ・アプローチに最も大きな影響を与えた考え方として**社会構成主義**があります。社会構成主義は、私たちが生きている現実は、ことばを介した人々の共同作業によって成り立っているという立場で社会現象を捉えます。つまり、私たちは、ことばを頼りにして現実を解釈し、理解していると考えるのです。本質的な現実の存在の否定への言及に関しては、社会構成主義のなかでも多様な立場があります。ナラティブ・アプローチに影響を与えた心理学者のガーゲン（1999/2004）は、社

会構成主義は、実在の存在を全否定したり幻想であると主張したりしているのではなく、一つの観察方法であるとしています。社会構成主義は、客観的で本質的な心理というのは人間が直接観察することはできなく、何らかの枠組みを用いてのみでしか迫ることができないと捉えています。ガーゲンは、どのような社会的枠組みに基づいた現実なのかを議論すべきであるという立場を示すことによって社会構成主義の価値を再提案しました。ガーゲンは、「ことばが世界を創る」とし、対話という相互行為のなかで意味が創られていると主張しています。「語る」という行為は、言語や視覚的な手段を用いて符号化するといった社会的な表現方法を必要とします。すなわち、語ることは、単なる情報伝達を越えた社会的な行為であり、語りは現実を産出していく過程といえるのです。

（2）応用言語学における考え方の変化 ──「国や民族」から「個人」へ

　社会変化によるポストモダニズムの流れは、ことばを研究対象とする応用言語学の分野においても思想的転換をもたらしました。言語教育や社会言語学を包括する応用言語学においての転換期は、社会学、心理学、教育学より遅く、その波がきたのは1990年代後半です。ポストモダニズム的考えは、応用言語学において言語観や文化観の捉え直しを促しました。

　クラムシュとチュー（Kramsch & Zhu, 2020）がこの時代的転換について90年代前までとそれ以降に分けて述べている内容を参考に表1–1にまとめて示します。まず、言語観については、言語は情報伝達の手段であるという非文脈的な構造主義の考えから、言語は個々の時空間にある文脈のなかで現実を創造するというポスト構造主義の捉え方への転換が起きました。第二言語・外国語学習においては、1960年代は文法や言語構造の正確さに重きが置かれましたが、1980年代になるとコミュニケーションの手段としての機能が注目され、いかに流暢に話せるかという点が注目されるようになりました。21世紀に入り、言語の社会的側面の見直しにより、言語は政治や経済と決して無関係ではないことが再認識され、言語の資本性や倫理性に対して言語教育で留意する必要性が叫ばれるようになりました。次に文化観については、クラムシュとチュー（Kramsch & Zhu, 2020）では、文化は国や民族に存在するというものではなく、社会的、歴史的な文脈を超え、複数のリソースによっ

表1-1 文化や言語の捉え方の歴史的変遷

	1990年代まで	1990年代以降
文化の定義	共通の社会空間や歴史を共有するコミュニティの成員であることを示すもの	多様なコミュニケーション形態を通し、多様な社会文化的文脈における多様な意味を象徴するシステムを用いて行われる意味の生成過程
注目される点	文化的違い（differences）	文化的多様性（diversity）
前提	二項対立、国民と移民、少数派と大多数派	多文化の混在
文化と政策	同化政策が当たり前、政治と文化は無関係	同化政策への批判、政治と文化・言語の関係性を主張
文化の所在	国やコミュニティに文化がある	トランス・ナショナル、第三の場、文化は意味を創り出すプロセスそのものであり、特定の場所に所属するものではない
言語の捉え方	言語形式主義（60年代）、実用主義、機能主義、コミュニケーションの手段（70〜80年代）	ポスト構造主義、批判的アプローチ（言語と権力や資本の関係性への認識）
言語との関係	各言語に各文化が存在する	トランス・ランゲージング、言語は新しい意味（文化）を創り出す
異文化間コミュニケーションとは	国や言語に帰属する文化的違いを比較することを目的とする	相互理解を目的に、個々の背景、考え方、意味生成媒介システム、などの違いを乗り越えていくプロセス
代表する学者・概念	Chomsky「生成文法」、Hymes「コミュニケーション能力」	Bhabha や Kramsch「第三の場」、Li Wei「トランス・ランゲージング」

Kramsch & Zhu（2020）を参考に筆者作成。

て意味生成される過程そのものが文化であるという見方への変化を提示しています。異文化間コミュニケーションや多言語多文化背景をもつ人々の間での会話についても、この間、急転回が起きています。以前は、国や民族に起因するコミュニケーション上の違いは何か、そしてどうすればその違いが乗り越えるかという異種性が前提となっていました。

　しかし、21世紀に入り、多様性が前提となるようになり、さまざまな背景をもつ人々の間でのコミュニケーションは、「**トランスリンガル的行為**（translingual practice）」（Canagarajah, 2018）である、といった捉え方が生まれてきたのです。トランスリンガル的行為では、多文化間でのコミュニケーションは、さまざまな背景をもつ人々の間で多様な言語・非言語のリソースの集合体によって新たな意味を生み出す実践であると捉えられています。

このような言語、文化、多文化間でのコミュニケーションに対する考え方の変化は、当然のことながら言語教育や言語学習においても転換をもたらすことになりました。何を「学び」と捉えるかという学習観や教育観の根本的な変化は、従来型の言語教育の在り方に疑問を呈しました。個人の認知的プロセスをコンピュータの情報処理になぞらえた情報のインプットやアウトプットといった従来型の考え方に対し、社会構成主義を中心とした新たな考え方では、学びが社会的なものであることを指摘しています。あらゆる学びや現実の認識は、社会的な文脈のなかで起き、さらにことばに代表されるような社会的媒介を通して理解されます。すなわち、学びや教育は、コンピュータの端子から端子への情報移動とは違い、社会的文脈から切り離すことができないものだということになります。加えて、情報技術の高度化と大衆化により、単なる知識の獲得を目的とした学習は以前ほど意味をもたなくなりました。これらの社会的側面に注目した応用言語学のアプローチの台頭は、「**社会的文脈への転回**」"Social turn"（e.g., Block, 2003）とも呼ばれ、1990年代後半から言語や学びの社会的側面に注目した複数のアプローチが提唱されました。

（3）グローバル化社会の言語教育 —— 多元性、越境性、特殊性、政治性

　2010年以降はグローバル化、デジタル化、そして人の移動性がさらに進むなかで、従来型の考え方への批判にとどまるのではなく、応用言語学における新たな具体的発展の方向性を模索する動きも生まれてきました。21世紀に入り、旅行者のような一時的な滞在だけではなく、移民や留学のように一生のうちに複数の国や地域への移住を経験する、または複数の言語文化に触れるという人々も急増しています。さらに、インターネットの利便性も加速し、従来のような外国語の教室内でしか外国語に触れる機会がないといった環境とは違い、ネット上で即時に世界とつながり、常に複数の価値観や意味が混在するなかでのコミュニケーションがおこなわれる時代になりました。一つの言語世界だけを基準としたモノリンガル的な規範は、多様性が前提となる社会に合わせたものへと変化せざるをえなくなったのです。この時代の言語教育におけるキーワードのなかでも特にナラティブ・アプローチとして欠かせないものとして**多元性**、**越境性**、**特殊性**、**政治性**が挙げられます。

まず、言語教育や言語学習者を多元的にみるとは、どういうことでしょうか。それまでの言語教育分野では、教室内や特定の場面を中心とした言語使用に注目が集まっていましたが、言語を使用することや学ぶことが社会的なものであることから、政治、経済、歴史といった言語教育を取り巻く多元的文脈に関心が向けられるようになりました。そして、現代社会に応じた言語教育・実践を検討するための枠組み構築を目指し、応用言語学分野における多様なアプローチの研究者たちが協力する動きがあります。その代表格が、応用言語学を牽引する学術雑誌 *The Modern Language Journal* の特集号です。多様なアプローチの第一人者たちからなるダグラス・ファー・グループ (Douglas Fir Group, 2016) という共同グループによって多言語多文化社会での課題と課題解決に向けての共通認識が示され、議論が展開されています。主な共通課題としては、言語学習や言語教育を促進するために学習者の多様なマルチリンガル資源に関する認識の必要性を述べています。また、学習者は言語使用によって社会を創っていく主体であるということを出発点として提案しています。そのうえで、分野内における今後の異なるアプローチ間での共有事項として、言語学習・教育および言語学習者・教育者をミクロ、メゾ、マクロの三つの社会的次元の観点からとらえる重要性を提唱しています。それまでの応用言語学の関心は、教室内、または個々の言語学習者や教師の認知プロセスというミクロな対象に限られる傾向にありました。それまで言及されることが少なかった学習者や教師が教室外で携わる教育機関、職場、社会的グループなどのコミュニティといったメゾレベル、そしてマクロレベルにおける言語とイデオロギー、権力構造、政治、政策、社会正義 (social justice)、倫理観、などの観点も含めて言語教育を考えることは、多言語・多文化社会において言語教育が担っていく社会的責務であると述べています。ナラティブを用いた研究では、多言語・多文化保有者の日常生活やライフ・コースに注目したアイデンティティやキャリアに着目したものも多数あります。言語学習者・使用者のキャリア観や人生観をテーマにした研究に対して、「言語教育にどのように関係あるのか」といった疑問の声があがることがありますが、このように言語教育の関心対象自体が時代に応じて変化を見せているのです。

　グローバル化時代の言語教育の特徴として、一般的・普遍的な理論から

個々の言語学習者へと関心が移行していることもナラティブ・アプローチにとって重要な点です。ポストモダニズムの流れにより、第二言語習得や言語教育の理論における「母語話者」対「非母語話者（言語学習者）」、「日本人」対「外国人」のような区別や二項対立の前提に疑問を抱く人も増えています。また、人の移動やインターネットによる多言語環境の増加により、外国語（Foreign Language, FL）と第二言語（Second Language, SL）といった区別をする意義も薄れてきました。以前のような、留学生やいわゆるホワイトカラーのビジネス関係者を中心としたものから、外国人児童、帰国生徒、生産現場で直接作業に従事する労働者、介護や看護などの専門職、というように言語学習を必要とする層は広がりをみせています。そのようななかで、どこでも誰にでも通用する言語教授法は存在しません。言語教育を実施する際には、ローカルな現場で求められる内容や課題を特定し、それに対応していくという「**特殊性**」とその状況にとって意味のある「**実用性**」が重要となってきました。多言語社会の言語教育としてポストモダニズム的なアプローチを提唱しているクマラヴァディヴェル（Kumaravadivelu, 2012）は、特殊性、実用性、**可能性**を軸とした言語教育・言語教師教育を考える必要性を述べています。多様性が前提となる社会では、個々の言語使用者、そして例外的な存在とされていたマイノリティへの理解が必要となります。また、他者からみたニーズや捉え方ではなく、当事者にとって意味のある実用性がもたらされるべきだとしています。現実は客観的に分かるものではなく、個々によって異なるという前提から、当事者の主観を明らかにすることが実用性の追求につながります。当事者が研究者となるような自分誌（自己物語）、ダイアリー、などの研究方法や当事者からみた現実を語ってもらうナラティブが光を浴びるようになったのです。さらに、このような流れは理論と実践の関係性にも影響を与えました。普遍的な教授法や理論を追求する代わりに個々の現場、学習者、教師にとって意味のある学びや教育方法を探る必要性が示され、実践研究の意義が再認識されるようになりました。

　最後に重要な観点として言語教育と**政治性**や**倫理性**の関係が挙げられます。マイノリティや当事者性への着目により、社会的に虐げられている人々の現状やその背景にある権力構造を明らかにし、言語や言語教育の政治的意味合いが示されるようになりました。「外国人」「移民」「非母語話者」といっ

表1–2　目的から考える言語教育の捉え方における違い

目　的	世界規模で活躍できる自国民の育成	賢い消費者の育成	グローバルな環境での市民の育成
形	テクスト型	情報交換型	マルチリンガル型
言語観	歴史的な事実や知識を書き留めておくための手段	社会的・文化的情報を交換するための手段	手段だけではなく、現実を創ることができる。言語使用は社会文化的文脈の中で政治的な側面をもつ
教育・学習内容	翻訳、選択式テスト、原本の言語構造・形式や特徴を模倣	流暢さ、うまく会話をするためのスキル、自律した学習	言語の指標性、解釈性、社会性、政治性
教師の位置づけ	学習言語や文化の専門的知識リソース	学習者が言語を使用する環境を提供し、学びや学習意欲を促進するためのファシリテーター	言語の政治的・社会的側面も考えるよう促す

Kramsch（2019）を筆者改変。

た不本意なアイデンティティを押しつけられたり、移住先での言語が不自由であることから社会から疎外されたり、複数の言語が話せても英語が話せないというだけでグローバル人材と認めてもらえなかったりといった差別は、グローバル化の負の側面として次第に表面化しています。また、**複数性・複合性**（multi/plural）は**新自由主義**的な考えと結びつくことで新たなグローバル規範となりつつあります。クボタ（Kubota, 2016）は、新自由主義的な価値観に基づいた複数性・複合性への迎合に警鐘を鳴らし、英語のような特定の言語資本の一人勝ちが容認される、または、一つの言語しか話せない人々が逆に蔑視される、といった危険性を指摘しています。

　以上のような観点を踏まえ、クラムシュとチュー（Kramsch & Zhu, 2020）は、従来型の言語教育とグローバル化社会に必要となる言語教育との違いを述べています。彼らの考えを参考に筆者がまとめたものを表1–2に示します。このモデルでは、何を目的とした言語教育なのかという出発点によって実施される教育・学習内容や教師の位置づけが変わることを指摘しています。

　彼らは言語教育の目的として、世界市場で経済的な資本力をもつことのできる自国民、自由主義経済のなかで不自由なくやっていける消費者、それとも**地球市民**（global citizenship）として世界規模で社会正義を考えることのできる人材育成、という三つの選択肢を示しています。三つめは、国や個人の利

益を目的とするだけではなく、社会の一員として他者や社会のために貢献できるような人の育成、という**市民性教育**（citizenship education）の一環として言語教育が示されています。現実的には、どれか一つを選ぶというよりは、どの側面が強調されるかという相対的なものにはなりますが、三つめで重要となる言語のもつ政治的意味合いへの自覚（political awareness）や言語の倫理的側面への正視（ethical answerability）は、多文化社会の言語教育において新たに取り組むべき方向を示しています。言語教育は、権力構造や人権問題といった問題に向き合うことによって人工的に創られた差別的垣根を越えていく可能性をももっています。そして、ナラティブ・アプローチはそのような言語の可能性に向き合う一つの有力な方法であるといえます。

4 ナラティブの意義と特徴

ナラティブは、ほかのアプローチとどのように異なるのでしょうか。「人の話を聴くことがなぜ、意味があるのか」「主観がデータになるのか」、といった問いへの説明がなければ、ナラティブは得体の知れないブラックボックスとなってしまいます。国内の言語教育分野においては、いまだに実証主義的研究が圧倒的な規範となっています。このような現状のなかでナラティブの意義を説明するには、まずは従来型の研究との**認識論**的違いから出発し、ナラティブの特徴を明らかにする必要があります。

(1) ナラティブ・アプローチにおける思考の特徴

多分野に広がるナラティブへの関心の動きを「ナラティブ・ターン」"The narrativist turn" として提唱したクリスワース（Kreiswirth, 1995, 2000）は、自然主義的な考えと社会構成主義という二つの流れからナラティブの特徴や意義を説明しています。まず、自然主義的な哲学思考の流れとしては、ブルーナー（Bruner, 1987/1998）の示した「**ナラティブ・モード思考**」がナラティブ的な考え方の原点として挙げられます。「論理－科学的モード」と「ナラティブ・モード」の違いをまとめたものを表1–3に示します。論理－科学的モードは、複数の出来事の間の因果関係を明らかにすることを目標としますが、ナラティブ・モードでは、複数の出来事がそれぞれ起きた文脈のなかで関連

表1-3　ナラティブ・アプローチと従来型の思考との違い

	従来型の思考	ナラティブ・アプローチ
ブルーナー (1986) の分類	「論理科学モード」：複数の出来事の間の因果関係を明確に述べることを目標とする	「ナラティブ・モード」：複数の出来事の起きた文脈の中で関連づけ意味づける
研究・調査の目的	実証的：具体的証拠を示すこと 自然科学的（エビデンス・ベースド）：実験や調査などで集めたデータで統計的分析を示すこと	新しい現実をつくり、変えていく 聴かれてこなかった（光が当てられていなかった）話を聴くこと
重要概念	普遍性、一般性、法則性	多義性、文脈性

づけや意味づけが鍵となります。たとえば、スポーツ選手が負傷し、大会出場を断念した経験があったとします。従来型の思考では、負傷が起きた要因ついてほかの負傷経験や身体的特徴などと合わせ、練習の量、方法、場所などと怪我の因果関係が焦点となります。ナラティブ・アプローチでは、負傷して大会を断念したという経験を現時点から振り返り、その経験が当事者である選手の意欲や選手人生においてどのような意味をもたらしたのかに注目します。その怪我を克服したことで、体力だけではなく精神的な強さを味方につけた、または、その経験によってキャリアの方向転換が迫られた、など、語られる時点や文脈のなかで経験への意味づけは変化します。理解できないような出来事が起きたとき、なぜそうなったのか、人間は理由を求めますが、ナラティブは現実をまとめることで一つの物語として組織化し、混沌とした現実、不可解な現実を理解可能なものにすることができます。

　ナラティブに造詣の深い哲学者の河野（2020）は、因果関係のような法則を見出すことを目的とした従来型研究の限界として、物事を捉える際の時間的概念の切り捨てや全体的な視点の欠落、および対象となる個性の無視を挙げています。普遍性を優先する自然科学的な分野では、パターンを見出し予測することが不可欠です。一方で、歴史学、心理学、社会学、など複雑性が前提となる人間を対象とする場合は、発達や成長などの時間的な推移プロセス、個別性、独自性をありのまま捉えることも重要となります。

　次に、社会構成主義的なナラティブ・アプローチを見ていきましょう。ブルーナーの示した考えでは、語る行為と語られた内容の関係性までは言及していません。しかし、社会構成主義によるナラティブ・アプローチでは、語

られた内容が話者の精神状態をそのまま映し出しているとは考えていません。クリスワース（Kreiswirth, 2000）は、社会構成主義的なナラティブ・アプローチの特徴として三つの側面を挙げています。

　一つめは、ナラティブの捉え方にとって核となる「**時間性**」という概念です。経験の意味や価値は、時間軸によって異なります。ある経験が起きた時点とその経験について語られる時点では、時差が生じるはずであり、その時差こそが経験についての意味づけを生みます。経験について語るという行為のなかで人は経験について考え、再考し、現時点でその経験がどのような意味をもつかを捉え直すのです。次に、ナラティブと社会構成主義がもたらした成果として、**アイデンティティ**、記憶、自伝、自己形成などへの注目が挙げられます。自分が何者なのかは、一貫した出来事を通して自己が語られるなかでダイナミックに創られるからです。三つめのナラティブの意義として**社会正義**や権力などへの関心をもたらした社会批判的な研究の存在があります。ジェンダー、人種、社会階級、民族、などへの関心から、語りによってその社会での支配的な通念に対して異なる視点を示したり、権力構造を可視化したりすることができます。語ることは、当事者とその状況を批判的に捉える媒介となりえることから、ナラティブは社会変革としての意味をもっています。

（2）言語教育におけるナラティブの意義 —— 創造性

　以上でみてきたようなナラティブの特徴や意義を言語教育に反映させると、どのような新しい言語教育の在り方が見えてくるのでしょうか。表1–4では、従来型の言語教育と比較し、ナラティブ・アプローチが目指す言語教育の特徴を示します。まず、多様性を前提としたナラティブ・アプローチでは、広く生活者として滞在する外国人や今まで光が当てられなかったような存在への言語支援も範疇とすることに意義を見出しています。それゆえ、実施される教育や社会実践において、汎用性ではなくローカルな個々の現場に必要なものを追求していく必要があります。さらに言語教育は社会構造や政治的側面と密接にかかわっているという前提に向き合い、不公平さを生み出すような社会的枠組みを取り除き、社会平和を担う地球市民の育成を目指すことが重要となります。このような目的意識をもったことばに関係する教育・社会

表1–4　従来型とナラティブ・アプローチが射程とする言語教育範囲

	従来型の言語教育	ナラティブ・アプローチが射程とする 言語教育
目指す教育	母語話者のような流暢さ	個々の多様なニーズや社会文化的文脈、目的に沿った特化型を追求
実践される教育	普遍的な教授法、従来型の一律な文法導入に準じる	ローカルな現場や個々の学習者に役立つ内容や方法に即した教育の追求。特殊性、特化型
社会と言語の関係性	言語教育は社会政治とは無関係である立場をとる	社会構造や権力構造と言語教育の関係、社会正義に配慮し、不公平性や人工的な境界を越えていく
最終的な教育目的	賢い消費者の育成	人権や民主主義に配慮できる市民の育成

実践および研究の広がりを共有したつながりをナラティブ・アプローチとします。

　では、このようなナラティブ的な発想は、今の世界情勢および言語教育にどのような意義をもっているのでしょうか。本書では、変化の激しい現代社会で求められる言語教育について考え、実践するにあたってナラティブのもつ**創造性**、すなわち、既存の考えを越えた意味を生み出す力に注目していきます。**対話性**（バフチン，1996）の概念を援用して語りや対話を捉えると、ナラティブの創造性が見えてきます。対話性は、たとえ自己物語であっても、語ることは、つねに誰か聴き手に向けたものになると考えています。また、対話においては語ったことは他者から応答を受ける対象となり、語り手の考えは語ったことによって、受け手のさまざまな文脈によって多様に関連づけられることになります。話し手の経験は対話を通して新たな枠組みのなかで異なる意味づけがされ、それにより、語り手は自身がもっていた意味づけから解放され、新しい自己となります。

　教育学においてナラティブを長年研究してきたクランプ（Kramp, 2004）は、語ることによって、人生経験がより意味のあるものになると述べています。語りによって経験が記憶に残るだけではなく、人間の内省を促し、多くの場合、経験に新たな意味がもたらされます。つまり、過去と現在の時空間が結びつけられることによって、未来に向けての新たな考え方や可能性が生み出されるともいえます。今の社会にとって意味のある言語教育を考えるには、

従来型の踏襲ではなく、再生産を超えていく創造性が鍵となります。

　このようなナラティブの創造性は、社会・教育・臨床実践ではもちろん、研究においても注目されています。語る過程だけではなく、語られた内容を言い直したりまとめたりするなかでも経験が再編成、または再意味づけされ、研究過程のさまざまな段階において意味生成や学びが起きるからです。バークハイゼン（Barkhuizen, 2011）は、このような意味生成について**ナラティブを通した意味生成**（Narrative knowledging）として概念化し、話し手（データ協力者）と聴き手（研究者）、データとデータ分析者、調査結果の報告者と聴衆や読者、といったそれぞれの過程で起きる意味を、ナラティブを通した学びとして捉えています。つまり、語られた経験はさまざまな立場の人によって解釈され語り直しされるなかでその意味を動的に変化させていきます。このように、経験への意味づけがそれぞれの時空間的文脈のなかで随時生まれていくことは、ナラティブのだいご味だといえます。では、言語教育分野においてナラティブを用いた研究や実践はどのように実施され、語り手と聴き手、研究者、研究の聴き手・読み手、そして分野全体にどのような意味をもたらしてきたのでしょうか。

　この本の第Ⅰ部では、言語教育分野においてナラティブの研究と実践に取り組んできた著者たちが、それぞれの考えるナラティブの意義について述べていきます。2章では、社会文化的アプローチから個々の言語学習者や言語教師を一人の人間として社会的文脈と時間軸のなかで多元的に捉えることにより見えてきたアイデンティティ、主体性、自律性に注目します。3章では、当事者によるナラティブに注目します。オートエスノグラフィ、当事者研究、ライフストーリー研究を中心に取り上げ、当事者による少数者の声を社会に響かせることがエンパワメントにつながること、さらには多様性にひらかれた社会につながることを論じます。4章では、談話分析の視点からナラティブのなかでも相互行為性に注目し、関係性、権力構造、アイデンティティ、意味、などが対話を通して生まれるメカニズムについて述べます。第Ⅰ部最後の5章では、ナラティブを用いた研究に取り組みたいと考えている方々に向けて、押さえておくべき点と言語教育におけるナラティブの展望について示しています。第Ⅱ部では、語ることや聴くこと、また個人の経験や思いを言語化して共有するというナラティブの実践例からその教育的、および社会

的意味を探っていきます。本書では、研究と実践の両方から新たな言語教育の在り方を示すことで、従来型の言語教育とは違った新たな可能性を示し、社会を変える一歩を踏み出したいと考えています。

注

1）ナラティブ・アプローチには、ポスト実証主義との違いもあります。ポスト実証主義は人々の経験を取り出して描くことの意味の重要性を認めていますが、ナラティブ・アプローチでは、経験を描くだけではなく、経験にどのような意味づけがされるのかという点への注目をしている点で異なります（Clandinin & Rosiek, 2009）。
2）構造主義への批判という意味ではナラティブ・アプローチはポスト構造主義との共通の流れを汲んでいます。しかし、人の語り、または語りを聴くという点において両者には違いがみられます。ポスト構造主義では、人の語り、たとえばインタビューで語られた内容をそのまま資料とするのではなく、その語りから社会文化的文脈を理解しようとします。一方、ナラティブ・アプローチでは、語り手の社会文化的経験を含めてその人の生きてきた人生経験自体に重点を置く傾向にあります。

文 献

ガーゲン，K. J. (2004)．『あなたへの社会構成主義』（東村知子，訳）ナカニシヤ出版．（原典1999）
河野哲也 (2020)．因果法則，物語，対話──心の科学の成り立ちと行く先『N：ナラティヴとケア』11, 4-10.
ソシュール，F. de. (1972)．『一般言語学講義』（小林英夫，訳）岩波書店．（原典1959）
野口裕二 (2009)．『ナラティヴ・アプローチ』勁草書房.
野口裕二 (2018)．『ナラティヴと共同性──自助グループ・当事者研究・オープンダイアローグ』青土社.
バフチン，M. M. (1996)．『小説の言葉』（伊東一郎，訳）平凡社ライブラリー．（原典1981）
ブルーナー，J. (1998)．『可能世界の心理』（田中一彦，訳）みすず書房．（原典1987）
Barkhuizen, G. (2011). Narrative knowledging in TESOL. *TESOL quarterly, 45*(3), 391-414.
Bhabha, H. K. (1994). *The location of culture*. London: Routledge.［バーバ／本橋哲也ほか（訳）(2012)．『文化の場所──ポストコロニアリズムの位相』法政大学出版局.］
Block, D. (2003). *The social turn in second language acquisition*. Georgetown University Press.
Canagarajah, S. (2018). Translingual practice as spatial repertoires: Expanding the paradigm beyond structuralist orientations. *Applied Linguistics, 39*(1), 31–54.
Chase, S. E. (2018). Narrative inquiry: Toward theoretical and methodological maturity. In N. K. Denzin & Y. S. Lincoln (Eds.), *The Sage handbook of qualitative research* (pp.546–560) Sage.

Clandinin, D. J., & Rosiek, J. (2007). Mapping a landscape of narrative inquiry. In D. J. Clandinin (Ed.), *Handbook of narrative inquiry: Mapping a methodology* (pp.35–75) Sage Publications.

Douglas Fir Group. (2016). A transdisciplinary framework for SLA in a multilingual world. *The Modern Language Journal, 100*(S1), 19–47.

Halliday, M. A. K. (2001). Towards a theory of good translation. In E. Steiner & C. Yallop (Eds.), *Exploring translation and multilingual text production: Beyond content* (pp.13–18) Mouton de Gruyter.

Kreiswirth, M. (2000). Merely telling stories? Narrative and knowledge in the human sciences. *Poetics today, 21*(2), 293–318.

Kreiswirth, M. (1995). Tell me a story: The narrativist turn in the human sciences. In M. Kreiswirth & T. J. D. Carmichael (Eds.), *Constructive criticism: The human sciences in the age of theory* (pp.61–87) University of Toronto Press.

Kramp, M. K. (2004). Exploring life and experience through narrative inquiry In K. P. Bennett & S. D. Lapan (Eds.), *Foundations for research: Methods in education and the social sciences* (pp.103–121) L. Erlbaum Associates.

Kramsch, C., & Zhu, H. (2020). Translating culture in global times: An introduction. *Applied Linguistics, 41*(1), 1–9.

Kubota, R. (2016). The multi/plural turn, postcolonial theory, and neoliberal multiculturalism: Complicities and implications for applied linguistics. *Applied Linguistics, 37*(4), 474–494.

Kumaravadivelu, B. (2012). *Language teacher education for a global society: A modular model for knowing, analyzing, recognizing, doing, and seeing.* Routledge.

Labov, W., & Waletzky, J. (1967). Narrative analysis: Oral versions of personal experience. In J. Helm (Ed.), *Essays on the Verbal and Visual Arts* (pp.12-44). American Ethnological Society. [Labov, W., & Waletzky, J. (1997). Narrative analysis: Oral versions of personal experience. *Journal of Narrative & Life History, 7*(1-4), 3-38. https://doi.org/10.1075/jnlh.7.02nar]

Ochs, E., & Capps, L. (2001). A dimensional approach to narrative. *Living narrative: Creating lives in everyday storytelling* (pp.1–58) Harvard University Press.

United Nations Development Programme (UNDP). (1996). *Human development report 1996: Economic growth and human development.* Oxford University Press.

2章 言語学習者・教師の成長を捉えるナラティブ

北出慶子

　本章では、言語教育および言語教師教育におけるナラティブの意義のうちの一つ、「人間の成長を捉える・促す力」についてどのような研究や実践がされてきたかをみていきます。そのうえでナラティブ・アプローチによって言語教育分野にどのような新しい芽が生まれ、彩りをもたらしてきたのか、具体的な意義や展望について考えます。

1 言語学習者・言語教師の成長の捉えなおし

　ナラティブ・アプローチは、言語を学ぶということや言語教師の成長とは何かについて新しい流れを形作ってきたといえます。1990年代までの個人の認知レベルに焦点を置いた**認知主義**的な考えに対し、ナラティブ・アプローチでは、学びや成長は社会的でより複雑なものであると考えています。図2-1に示すように、左半分にある認知主義では、個人が知識や技能を獲得

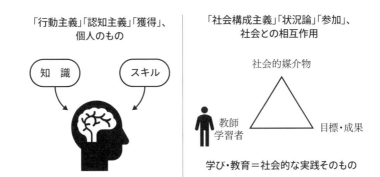

図2-1　学びの捉え方における違い

することが学びであり、そのために語彙や文法をどのように練習すればより効率よく習得できるかということに主眼が置かれていました。一方、右半分に示す**社会構成主義**（1章参照）では、あらゆる学びは社会的文脈のなかでことば、教材、他者との対話などを通して生じると考え、社会的文脈を抜きに学びを捉えることはできないという立場をとっています。

　この考え方の違いは当然ながら、研究目的、方法、教育実践の在り方にも影響を与えています。図2-2はこのような違いを比較したものです。個人の認知に焦点を当てた研究では、図2-2の左半分に示す**実証主義的研究**（1章参照）のように、定量的研究や質問紙調査を用いて言語学習者や教師を年齢、性別、母語、など客観的な特徴で分類し、特定の言語知識や技能に関してどの特徴をもったグループがより高得点になるかといった断片的な傾向を見出すことが目的となります。それに対して、図2-2の右半分に示されているナラティブ・アプローチでは、個々の学習者や教師を社会的文脈および個人が生きてきた**ライフコース**（個人史）のなかで等身大の感情をもった一人の人間としての変化を捉えることに挑戦してきました。

　たとえば、一般化を目的とした研究では「TOEFLで500点を取った日本語母語話者の女性」といったラベルによって複数の言語学習者は同一カテゴ

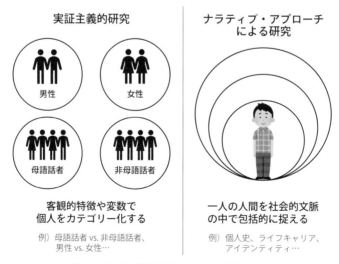

実証主義的研究

男性

女性

母語話者

非母語話者

客観的特徴や変数で
個人をカテゴリー化する

例）母語話者 vs. 非母語話者、
男性 vs. 女性…

ナラティブ・アプローチ
による研究

一人の人間を社会的文脈
の中で包括的に捉える

例）個人史、ライフキャリア、
アイデンティティ…

図2-2　実証主義的研究とナラティブ探求の違い

リーで扱われます。しかし、ナラティブ・アプローチでは、このグループに入る一人ひとりの身近な存在である佐藤さん、田中さんがそれぞれ、どのような成功や挫折を経験し、どのような思いで英語を学んできたのか、といったように等身大のぬくもりある人間として接近していきます。このようなナラティブによる捉え方は、モデルとする母語話者と比較して言語学習者を「何か能力が欠けている人」と見るのではなく、その人のそれまでの経験、人生、社会的存在といったライフ全体を生身の人間として理解しようとする姿勢を示してきたといえます。

2　ナラティブ・アプローチが捉える言語学習者の学び

　言語学習者のナラティブを扱ってきた研究は、多言語を学ぶ、または使用する人々がどのような経験をし、その経験についてどのように捉えているのか、そしてその言語を話す自分自身をどのような存在と考えているのかというアイデンティティを浮き彫りにしてきました。これらの研究のなかで特にナラティブならではの特色を示してきたものとして、「**言語学習キャリア**（language learning career）」（Benson, 2014）と **言語学習の動機づけ**（language learning motivation）、という二つの主な流れをみていきましょう。

(1)「言語学習キャリア」という考え方

　言語教育分野で先陣を切ってナラティブの特集を組んだのは、*TESOL Quarterly* という学会誌でした。ベンソン（Benson, 2011）は、この特集号で英語教育におけるナラティブを用いた研究の特徴として「**言語学習キャリア**」という概念を提唱しています。彼は、言語学習経験について語ることは、①特定の時間や場所といった文脈のなかでの個人特有の言語学習経験と②言語学習者としてのアイデンティティを形成するプロセス、の両方に迫ることであるとし、この2点を含めて言語学習キャリアと呼んでいます。言語学習キャリアは、客観的な出来事や語られたストーリーだけを指す「言語学習史（language learning history）」（Oxford, 1996）とは異なります。言語学習キャリアは、語られた出来事やプロセスの根底にある語り手の考え方や意味に重きをおき、その語りから浮き上がるアイデンティティに意識を向けています。言語学習

者が自身をどのように捉え、学習者としての自分が時間とともにどのように変化してきたと考えているのか、という**ライフ**（人生や生活）を含めた観点は、言語教育分野にいくつかの新しい光をもたらしました。

一つめは、授業や教育機関外での学びへの関心です。言語の学びは教室内だけで起きるわけではありませんが、従来型の研究では、どのような教え方をすればどのような結果が得られるかといった教授法への関心が圧倒的でした。しかし、実際には、ドラマ、音楽、好きな小説やマンガ、または友達との会話やSNSでのやり取りなど、言語使用の実践を通しての学びも大きいはずです。または、長期的に見ると、高校までは机上の学びだったものが、その後、留学や海外赴任、移住などにより教育機関外での学びにつながっていくこともあります。教室の外での言語学習も含め、また個々の人生に沿ってその広がりを眺めることで、教育機関以外での言語学習の機会はどのようなものなのか、そして、その機会は誰もが平等にアクセスできるものなのか、といった未開拓だった点が浮き彫りになってきました。このように、学習者の語りへの注目は、今まで見えていなかった課題に切り込むきっかけになったといえます。

1章でも紹介したダグラス・ファー・グループ（Douglas Fir Group, 2016）が援用したブロンフェンブレンナー（Bronfenbrenner, 1979）による**人間発達の生態学**（図2-3）で考えると、従来の言語学習・教育では、最も小さい円のなかにある教室内、またはミクロレベルの談話単位の文脈のみを考えた研究が主流でした。ナラティブ探求やエスノグラフィなどの研究が普及することにより、教室の外で学習者が所属する職場、学校、近所づきあい、家族といったコミュニティのなかで言語学習者がどのような位置づけにあるのかに関心が広がったといえます。また、個々のコミュニティが共有しているイデオロギーも含めた考察により、移民、言語文化的マイノリティ、留学生、ゲスト、非母語話者といったように社会の正統なメンバーではなく疎外された位置づけを強いられる例も示されました。このように、言語や文化が**アイデンティティ**の葛藤と深く関連していることが明らかにされてきました。

二つめに、社会的文脈に加え、**個人史**という**ライフコース**の広がりを視野に入れた言語学習や言語学習経験への着目が挙げられます。社会文化的アプローチで人間の成長を捉える文化心理学では、個々の人間の成長を捉える観

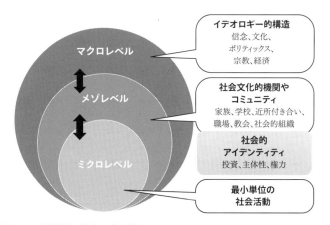

図2-3　言語学習・教育の多面性（Bronfenbrenner, 1979; Douglas Fir Group, 2016）

点として「**トランジション（転機）**」という概念に注目しています。トランジションは、人間の発達段階における移行期や人生上の転機のことで、ある経験と別の経験の間、または複数の経験がつながり再構成されたときに起きます。転機により、それまでとは違う社会的立場・境遇を経験したり、新しい考え方に出会ったりすることができます。これにより、それまでの自己との葛藤が起き、調整を経ながら今までの自己を超えていくのです。文化心理学でトランジションに注目して研究してきたジトゥン（Zittoun, 2006）は、トランジションの経験により、アイデンティティの変容、新しい考え方や技能の習得、個々のライフにおける新たな意味の生成がもたらされると述べています。ここでは、言語学習者のナラティブに注目した研究として①留学、海外赴任、移住など地理的移動におけるアイデンティティの変化と②社会人になったり親になったりという社会的役割（ライフキャリア）の変化、という二方向からライフのトランジション経験と言語学習キャリアの重要性をみていきます。

　まず、空間的移動とアイデンティティの関係において留学や移民といった**トランスナショナル**な経験の意味に着目した研究をみていきましょう。イギリスに約9か月の留学をした中国人学生6名にとっての留学の意義について研究したガオ（Gao, 2011）は、出身国にまつわるアイデンティティから興

味深い報告をしています。イギリス滞在中に日本、韓国、台湾出身の留学生との出会いを通し、中国への愛国心を募らせる中国人留学生がいる一方で、それまで自分がもっていたこれらの隣国や地域への敵対心に疑問をもち始める中国人留学生もいました。「日本は敵であり、中国にいたら、こんなふうに日本人の友達ができるなんて想像もできなかった」「日本人の友達は、誰一人として中国が日本に侵略された歴史を知らなかった」といったジャーナルへの記述は、留学を期に考え直すことになった中国人としてのアイデンティティへの葛藤を鮮烈に描いています。彼らにとって留学は、それまでの自分の考えが根本から揺さぶられる経験であったことが分かります。

　留学と「**第二言語アイデンティティ**」の関係に注目した、ベンソンら（Benson, Barkhuizen, Bodycott, & Brown, 2012）は、香港からカナダとオーストラリアに留学した学生にインタビューを実施し、留学前後の比較から留学経験による変化を報告しています。英語「学習者」にすぎなかった留学前のアイデンティティが、留学によって英語「使用者」に変化していったのです。また、現地で英語能力が伸びるにつれ、表現したい自己を英語で表現することができるようになり、人間としての成長も感じることができるようになっていったとしています。留学経験は、単に言語知識やスキルを伸ばすためのものではなく、異なる角度から自己や自己と言語の関係性を捉える機会となっているのです。新しい環境に入り、今までできた自己表現が思うようにできなくなったり、また、時間とともに少しずつできるようになるのを実感したりします。このような**自己効力感**の芽生えといった留学における情意面の成長も留学経験者の語りから明らかになってきました。

　次に、社会的役割の変化としては、多言語学習者や外国にルーツをもつような複言語・複文化保有者にとっての**ライフステージ**の移行に伴う言語に対する意味づけ変化に関する研究があります。グローバル化により、「継承語」や「帰国生徒」といった従来の型では十分に説明できないような多様な形で幼少期・青年期に複数言語環境を経て成長する人が増えています。トランスナショナルな経験をもつ人々が自身のなかにある複数言語をどのように考え、意味づけているのかという当事者の声に眼差しを向けることで、複言語保有者である彼ら一人ひとりにとって意味のある言語教育を考えていく必要性が見出されたといえます（詳細は3章を参照のこと）。

ライフキャリアのトランジションと言語学習の関係については北出（2018）の例を挙げます。中国と韓国の二か国への留学プログラムに参加した日本人大学生、安藤（仮名）は、二か国語をマスターすべく大学生活を留学と言語学習に注いできました。帰国後の就職活動でも、さらに海外で活躍したいという思いでグローバル展開をする企業を受けていました。しかし、エントリーシートや面接を通し、中国語と韓国語という二つの言語が流暢であっても、TOEICの点数により第一選考で足切りされてしまう現実に直面しました。就職活動で「英語ができなければグローバル人材ではない」といった日本社会のイデオロギーを目の当たりにすることで、留学で目標としていた中韓二言語能力は意味のないものとなってしまいました。これらの例が示すように、就職のように新しい環境に入る過程で、特定の言語文化を有していることへの評価が大きく変わってしまい、それによりアイデンティティも変化が迫られることが分かります。

（2）学習者の主体性と動機づけ

　学習動機づけ（learning motivation）の分野は、第二言語習得研究においてナラティブの一つの潮流を形作ってきたといえます。学習動機づけを考えるにあたり、なぜ学習者の語りに耳を傾けることに意味があるのでしょうか。動機づけ研究の歴史をさかのぼって考えてみましょう。

　1970–1980年代にかけての動機づけ研究は、定量的な研究が主流であり、性格や客観的な属性をカテゴリー化し、因果関係とそのパターンを探ることが目的とされていました。これに対し、学習者本人の視点や経験が軽視されていたことや、既存の分類だけでは分析できない包括的で変動的な観点が不足していたことが指摘されました。1章で述べたような**ポスト構造主義**の流れも受け、2000年以降には学習者自身の視点からみた動機づけ研究としてインタビューやナラティブが注目されるようになったのです。動機づけ研究において質的研究の意義を提唱してきたウシオダ（Ushioda, 2009）は、「抽象的なパターンを見出すこと」に主眼をおいた動機づけ理論だけではなく、アイデンティティ、性格、個人史といった背景を含め、多元的な社会的文脈のなかで、感情をもつ個々の人間としてその**主体性**を探ることこそが動機づけの研究として意味があると述べています。2000年以降は、このような観点も

含め、動機づけ研究の新たな方向として自己とアイデンティティの観点に注目した研究の必要性が打ち出されました。「第二言語セルフシステム理論（L2 motivational self system）」（Dörnyei, 2009）は、このような学習者自身の主体性を捉えようとした考え方で、**L2理想自己**と**L2義務的自己**という、なりたい（または、ならなければならない）自己と現在の状況とのギャップを埋めるべく学習意欲が促されるというものです。個々の学習者の視点から彼らが自身をどのように捉え、どのような将来像をもっているのかを知るには、当事者の考えや感情を探る自由度の高いインタビュー、言語学習に関してのジャーナル、自伝的記述、などといった学習者自身の語りが鍵となります。

　たとえば、留学経験と言語学習の動機づけの関係を探ったウエキとタケウチ（Ueki & Takeuchi, 2017）は、留学経験と義務的自己や**自己効力感**の関係についてアメリカ留学から帰国した日本人大学生にインタビュー調査を実施しています。留学中、行き先の違うバスに間違って乗車してしまったときになんとか英語でバスの運転手に説明して切り抜けた経験、といった英語での具体的な成功経験が自己効力感をもたらしたことが分かりました。留学でこのような経験をすることによって、留学前にはプレッシャー要因となっていたL2義務的自己が、学習意欲を後押しするものへと刷新されることが示されました。

　言語学習経験として**個人史**を語ることにより、過去や現在の自分と将来の自己像をつなぐ道筋が生まれ、理想自己や義務的自己のような将来像が浮かび上がってきます。また、新たな経験を通し、進めそうな道筋が増えたり、より鮮明な自己像が見えたりします。この点で、言語学習者からみた動機づけの研究は、個々の学習者の自律性を重んじる言語教育の貢献に直結しているといえます。

　このようにナラティブ的な研究は、言語学習者を多数の非母語話者グループに埋もれた顔の見えない三人称の観察対象としてしまうのではなく、研究者や研究を読んだ人が、研究対象者や研究者と感情を共有し「二人称的」に（佐伯, 2014）応答しあえることの必要性を示してきました。また、留学や移住、新たな環境や就職などの人生の転機は、それまで保有していた言語文化の価値を再評価し、今までの自己を超えてアイデンティティを調整していく重要な意味をもっていることが分かってきました。学習の動機づけ、自己効

力感、感情、主体性といった観点は、学習者自身が過去、現在、将来の自己
をどのように捉えているかと深く関係しており、その考え方は新たな経験を
経ることで変化していくものです。個々の学習者の**自律性**を尊重した主体
的な学びを促すには、ナラティブ的な視点から彼らにとっての言語学習経験
や意味を明らかにしていくことが重要な手がかりとなります。

3　ナラティブ・アプローチが捉える言語教師の成長

　ナラティブ探求は教育学分野でいち早く普及したこともあり、言語教師の
成長に関する研究においてナラティブの存在意義はすでに確立しているとい
えます。教育実践は、教室での教師の言動だけではなく、その言動を促す教
師による考え方と連動したものといえます。それゆえ、教師が個々の教育実
践の場をどのように捉え、そしてその捉え方はどのように生まれ、変化して
いくのかといった教師の思考やアイデンティティへの関心が寄せられるよう
になりました。その背景には、多様化やIT化といった変動の時代において、
従来型の教え方や言語教師養成課程で示されてきた教師の知識基盤や特定の
教授法では太刀打ちできなくなってきた現状があります（1章参照）。
　言語教師の思考やビリーフといった考え方に関する研究をレビュー論文と
してまとめたバーンズら（Burns, Freeman, & Edwards, 2015）は、歴史的変遷から
表2-1のような四つの世代に大きく区分しています。

表2-1　言語教師の思考についての研究の変遷（Burns, Freeman, & Edwards, 2015, p.589, "Table 1: Ontological Generations in Studying the Language–Teaching Mind"；訳・改変は筆者による）

世代／年	研究の焦点	キーワードとなる概念	主な調査方法
第一世代 1990年代	教師の個人的認知	教師の選択、思考、ビリーフ	定量的調査、ビリーフ質問紙調査、観察、再生刺激法
第二世代 1995年代	社会的文脈	社会的文脈の中での意味と解釈	質的調査、内省的調査（ジャーナル、インタビュー）
第三世代 2000年代	社会的文脈と個人史	社会的・時間的文脈の中での調整を通した思考の役割	質的調査、インタビュー、**ナラティブ探求**、研究者と調査協力者の対話
第四世代 2010年代	複合的でカオスな組織	複数の相関的な要素間におけるインターアクションを含む流動的な組織	社会的、文化的、歴史的、政治的な観点を含めた質的調査、インタビュー、談話分析、ジャーナル

1990年代の第一世代は、ビリーフ質問紙調査に代表されるもので、母語話者教師と非母語話者教師の言語観や教育観の違いを探るような研究が主流でした。その後、1990年代後半から社会構成主義や社会文化的アプローチ（1章参照）が広がるにつれ、第二世代では社会的文脈のなかでの教育実践の意味や解釈に関心が寄せられました。さらに2000年以降の第三世代では、社会的文脈だけではなく、教師以外の人生経験といった個人史も含めた解釈の必要性が指摘されました。最後に2010年以降に入り、社会的、文化的、歴史的、政治的な観点が複雑に入り混じって変化していく様を捉えるという第四世代に至っています。ここでは、言語教師の語りや自己内省からその成長に接近した研究の特徴として第二、第三世代に光を当ててみていきます。

(1) 社会的文脈のなかでの教師の成長

　第一世代から第二世代への移行は、最も劇的な転回だったといえます。なぜなら、「そもそも教師の成長とは何か」という根本的な変化を意味しているからです。教師の学びを個人の認知だけではなく複雑な教育現場での経験を通した社会的なものと捉える動きは、2節で述べた言語学習よりむしろ、言語教師教育の方が先駆けでした。第二世代では、どこでも通用する汎用性のある知識・技能習得や新しい教授法の習得ではなく、各現場と教師主体との調整による教師の捉え直しや主体性が成長であると考えられるようになりました（e.g., Clandinin, 1986）。この変化を後押ししたのが、**社会文化的アプローチ**で人間の発達を捉える「状況に埋め込まれた学習（situated learning）」や「正統的周辺参加論」（Lave & Wenger, 1991）、そして成長を社会システムのダイナミックな発達プロセスの一環として考える「活動理論」（エンゲストローム, 1999）などの考え方です。教育現場は、「海外（foreign language）対 国内（second language）」のように単純に二項対立で種別できるものではありません。個々の教育現場は、学習者、文化、社会層、ジェンダー、時事問題、機関、コミュニティ、カリキュラム、といった現場にいる人間だからこそ見える多様な観点が幾層にも折り重なってできています。教師には、このような現場で何をどのように教えるべきかを包括的に判断し、調整し、探っていくという主体性が求められることになります。

　言語教師教育におけるナラティブの意義を早くから提唱してきたジョンソ

ンとゴロンベック（Johnson & Golombek, 2002）は、教育実践は、習った教育理論、教授法や教材などを使うという行為ではなく、教師のそれまでの知識、ビリーフ、経験を捉え直すという意味をもっていると述べています。すなわち、教育実践を振り返り、実践の意味や自身の考え方を再考すること自体が教師の学びであり、生涯の成長となります。この考えの背景には、経験を振り返り、知らないことに向き合い、意味づけし、次の行動につなげるというデューイ（Dewey, 1938）の**経験理論**とブルーナー（Bruner, 1996）の**ナラティブ的な思考**（「ナラティブ・モード思考」1章4節参照）があります。単に振り返るだけではなく、ナラティブ的に複数の経験を結びつけるなかでその意味を捉え直していくのです。ナラティブによって、当事者や周りから、過去への振り返り、将来的観測など、多方面から経験を捉え直すことができ、それによって「今までになかった意味づけや重要性」を見出すこともできるのです。彼らは、教師教育におけるナラティブ探求の意義として、「①（ナラティブは）教育実践の複合性を記述することができる、②教師としての長期的な成長を捉えることができる、③自身の仕事への意味づけと再意味づけの過程を明らかにすることができる、④自身の考え方と実践を変えることができる」（Johnson & Golombek, 2002, p.7）という四つの点を挙げています。ここでは、複雑な教育実践を通した教師のアイデンティティ形成を描いた研究をみていきましょう。

　言語教師のアイデンティティをめぐる葛藤例としてチョイ（Tsui, 2007）の中国における初任英語教師の例を見てみましょう。この研究は、一人の英語教師ミンファン（Minfang）の初任からの6年間の教師としてのアイデンティティの葛藤を鮮明に描いています。ミンファンは、自身が生徒として英語を学ぶなかで伝統的な文法訳読法や語彙・文法規則を学ぶことに意義を感じ、「コミュニケーション中心とした指導（CLT）」の授業に嫌悪感を抱いていました。しかし、CLTで学んできた経験が評価され、CLTを掲げる大学に英語教師として着任したことで、CLTで教えることを強いられました。ミンファンは、個人的にはCLTよりも折衷法を好んでいたのですが、少数民族の出身であり、若手でかつ博士の学位をもたないという点で大学内では意見が言えない弱い立場にありました。その大学の教員でいるためには、CLT推進者であることを売りにするほかなかったのです。この例は、コミュニティで価

値があるものを所有していると認められない限り、そのコミュニティの一員としての正統的な参加アクセスが与えられないという複雑なアイデンティティの在り様を示唆しています。

　これらの研究例では、教育現場での教師の葛藤と教師の環境への主体的な働きかけという双方向の関係性が描かれています。個々の教育現場には複雑な事情があり、新任教師は新参者としてその現場で求められる期待や前提となっている規範に対して教師としてもっていた自己信念を調整していくことになります。特に国や教育機関の政策的な動きはトップダウンの権力構造のなかで突きつけられることも多く、政権交替による外国語教育の方針や基準の変更は、教育現場の景色を一変させます。チョイ（Tsui, 2007）の例のように、立場の弱い新任教員や若手の場合、このような社会文化的文脈への適応が強いられることも決して珍しくありません。従来型の言語教師教育課程では、知識や技能の向上に焦点がおかれ、現場でのこのような教師の葛藤は取るに足らない個人的なこととして多くは見過ごされていました。しかし、このような現実を知らずに教師になり、リアリティショックで精神的に追い込まれてしまうこともあります。現役教師の現場でのジレンマや試行錯誤する生きざまを語り合ったり、メンターや同僚にこのような葛藤を共有する機会を設けたりすることは、若手教師育成や現役教師の研修において実は欠かせないものであることが分かります。

（2）個人史と社会的文脈のなかでの教師の成長

　第三世代の特徴として、教育現場の社会的文脈に加え、教師の個人史も含めた理解といった複数の観点の融合が挙げられます。社会文化的アプローチで教師の考え方を捉える方法として、クロス（Cross, 2010）は、「**系統発生的発達分析**（genetic framework of analysis）」でヴィゴツキーとルリア（Vygotsky & Luria, 1993）が示した発達時間説に注目しています。この説では、教育現場を取り巻く社会文化的背景、個人の人生史、個々のミクロな学習変化、といった複数の次元から個々の教師の成長を捉える枠組みを提唱しています。個々の人生経験を経た教師が、それぞれの教育現場特有の複雑な文脈のなかでの葛藤やジレンマを通し、新たな方法を模索するなかで自身と現場環境の両方が変化していくのです。

教師としての職業以外の個人的な人生経路も含めた研究例をみてみましょう。バークハイゼン（Barkhuizen, 2010）では、トンガ王国からニュージーランドに移住し、英語教師を目指すある大学院生、セラ（Sela）の個人史と将来の教師像の関係について報告しています。トンガの田舎で育ったセラにとって偶然にも英語が話せるようになったことは、まさに経済力と社会的権力の獲得に直結したものでした。このような英語の資本力は、トンガからニュージーランドに移住した人達の住む貧困地域でも同様のものでした。英語を学ぶことによって経済力を得ることができると分かってはいても、一方で移民先への適応はしたくない、というのが移民としての複雑な思いだとセラは語っています。セラは、そんな家族や同郷のコミュニティを助ける教師を思い描き、教師になるべく努力してきました。セラにとっての英語や英語教師は、裕福な家庭で育ち、英文学が好きで英語教師になった英語ネイティブ教師とは、おそらくかなり異なる意味をもつことが想像できます。もちろん、どちらが良いというものではありません。このように、教師の人生についての語りに耳を傾けることで、個々の教師の個人史が特定の言語やその言語を教える教師としての役割の捉え方にいかに影響を与えうるのかということが見えてきます。

　教師としての成長は、教師養成課程といった限定された期間や空間で起きるものではなく、その前後、生涯を通してのさまざまな他者との出会いや社会変化のなかで生き抜く一人の人間としての生きざまを投影するものでもあります。教師アイデンティティだけを人生から切り離すことができるわけではなく、教師以外の社会的役割や長年の個人史の複合物として教師アイデンティティが構成されていることが分かります。これらの研究に一貫していえることは、教師の学びとは、「何かを獲得するもの」ではなく、さまざまな社会的環境のなかでの調整を通し「実践するもの」であるということです。デコスタとノートン（DeCosta & Norton, 2017）では、教師アイデンティティの研究においてナラティブが大きく貢献してきた理由として、ナラティブは、今ここの時空間を超えて社会的文脈のなかで物事を分析することができる、という点に注目しています。語ることは、教師のライフコースという時間的軌道と、そのなかで交差するマクロ、メゾ、ミクロの社会的文脈の広がりといった縦と横の軸空間を往来することを可能にします。デコスタとノートン

は、教師のナラティブに耳を傾けることで見えてきた成果として、言語教育の**政治性**、**社会正義**、**倫理観**といった観点に注目しています。この章で紹介した例に加え、少数民族や移民といった社会的弱者を無視した言語政策、他言語とは比較にならない英語のもつ資本力、ノンネイティブ教師や外国人ネイティブ教師に対する偏見や差別、などの課題は、文法知識や教授法の研究だけでは見えてこなかった部分です。多言語使用者や言語教師の語りに耳をすますことで、言語教育の人権的側面に光をあてた言語教師教育の必要性が見えてきたといえます。

4　言語学習・教師の成長を目指したナラティブ実践

　教師が敷いたレールの上を一律に走ることを目指す従来型の教育とは違い、社会構成主義的なアプローチでは、個々の学習者が独立した存在として、自身の批判的な省察を通し、それぞれの行き先やペースに合わせたレールを自身で並べていくことを提唱しています。このように学習者に学びの意思決定権を委ねる**自律型**の学びにおいて、ナラティブは自己の経験を振り返り、意味づけし、記録していくための重要な役割を果たしています。学習者や教師の自律性を重んじる教育や教師の**自己研修**（e.g., 春原，横溝，2006）では、個人史や経験について振り返って語る活動が幅広く実践されています。

(1) 言語学習・異文化間学習のための教育的実践

　ナラティブは、言語学習や異文化理解に関わる教育的実践においてさまざまな形で導入されています。アクティブ・ラーニング型の国際共修や国際サービス・ラーニングなど、体験の振り返りを語り合ったり、ジャーナルやレポートで書いたりと、**省察**の実践方法も多様化しています。省察を目的とした実践では、学習者が自身や自身の経験について語ることで経験を捉え直し、そこから新たな気づきや意味を生み出すことを目的としています。自身の経験や学びについて振り返って語る、書く、という行為は、当たり前だと考えていたことを別の視点から見つめ直す機会となります。また、学んだことを振り返り、他人の経験に共感し、異なる文脈に当てはめて考えることは、新たな意味を創り出すことにつながります。このような**批判的認識**や**経験**

の再文脈化といったナラティブの機能に注目した実践について、言語学習の動機づけや異文化理解を目的とした取り組み例を見ていきましょう。

　2節（2）項でナラティブを用いた言語学習の動機づけ研究例を挙げましたが、同様に言語学習者や言語教師の動機づけを高め、維持する方法としてもナラティブが援用されています。学習者の主体性や自律学習に重きを置いた教育では、学習者が自身の学びの過程に積極的に携わることが必須となります。しかし、人によっては、L2理想自己のような将来像を描くことが難しい場合もあります。そこで、学習経験について語ることで意識化してみる、ぼんやりとした将来像をことばで表現してみる、といった活性化の機会を教育的介入として提供する方法が提案されています。言語学習者が成りたいL2自己像を想像し、意識化するためにナラティブは大きな助けとなります。語ることは過去の経験を捉え直し、未来への想像を促し、アイデンティティの形成を助け、未来への道を拓きます。このような観点からドルネイとキュバニィオヴァ（Dörnyei & Kubanyiova, 2014）が言語学習の動機づけのための教育実践としてナラティブを用いた例を二つ挙げます。

　一つは、言語学習歴に関する過去の否定的な出来事についてその良い側面に光をあててもう一度、語り直しをしてみる、というものです。もう一つは、言語学習者のサクセス・ストーリーを描き、そのなかで分岐点となるような出来事とそれをどのように乗り越えてきたかを考えるものです。前者は、自身の人生についての決定権や建設的な考えをもたらすことを目的としています。後者は、将来の自己を想像し、語ることにより、より鮮明に将来像をイメージし、現在抱いている夢をかなえることが将来の自分にどのような意味があるのかをあらためて考える機会になります。

　異文化理解を目的とした省察の実践例としては、「**異文化経験の自分誌**（Autobiography of Intercultural Encounters, AIE）」があります。欧州評議会は、ヨーロッパ言語共通参照枠（CEFR）の目的である複言語・複文化主義の推進と自律学習促進への具体的な教育的ツールとして**ヨーロッパ言語ポートフォリオ**（European Language Portfolio, ELP）を開発しました。ELPは、言語学習歴や異文化経験について国を超えた枠組みで記述・記録でき、学習者自身が設定した目標に向け、自身の成長を振り返って意識的に学んでいくために筆記型またはピアでの自身の学びについて言語化するような工夫がされています。

ELP のなかで異文化経験に焦点を当てたものが AIE です。AIE では、自身の異文化接触経験を思い出し、その時の自身や相手の気持ちの共通点や相違点についてピアと共有し、多様な視点を踏まえたうえで将来、異文化に接触した際にどのように行動すべきかを考えます。このように異文化理解を個々の経験の捉え直しや再文脈化から学ぶという点で、AIE は従来型の国や民族単位の特徴を学ぶ異文化教育とは異なる画期的な方向性を示しています。ナラティブを用いた教育的実践は、ほかにも多様な試みが実施され、省察で用いられる手法も次第に精緻化されてきています。

(2) 言語教師への教育・研修実践

言語教育において自律的学びを推奨してきたリトル（Little, 1995）は、言語学習者の自律性を支援するには、教師自身の自律性を育成することが不可欠であるとしています。教師が自身の経験を振り返り成長していくための方法としてジョンソンとゴロンベック（Johnson & Golombek, 2002）は、自己省察を軸にした教師研修を提唱してきました。2017 年の論文（Golombek & Johnson, 2017）ではさらに具体的な省察方法へと議論が発展し、新しい気づきを促すなどの教育的意義を目的とする場合は、より効果的に気づきを促すように工夫された手順を踏むことが必要であると主張しています。彼らは、教育的な意義をもたらすナラティブにするには、①思考を公にすること＝**外在化**（externalization）、②**言語化**すること（verbalization）、③手順を踏んで分析すること（systematic examination）の三つの要素が欠かせないと述べています。

まず一つめに関してですが、教師が省察により過去、現在、想像の未来の自分について誰かに伝えることは、自己に向き合い、説明し、意味づけすることになります。このプロセスは、教師の考えや感情の変化だけにとどまるのではなく、思考の変化がきっかけとなり教師の言動が変わる、つまり、社会的な変化につながるのです。次に、二つめの言語化に関しては、教師教育プログラムで習った学術的な概念を表面的な知識としてではなく、自分の経験と関連づけて理解すること（＝**内在化**）を助ける意味をもつとしています。ことばにすることにより、学術的な概念を用いて意識的に意味ある形で自身の経験を吟味し、捉え直し、舵を取り直すといったことができます。最後に、ナラティブを教育的に実施する際、どのような形でナラティブ実践に携わる

「人生の木」活動

枝 — 高校より後の経験、最近の経験や影響を受けたものも含む（各枝は、大人になってからの経験で今の教育観に影響を与えたものとなる）。

幹 — 高校までの経験、それまで出会った教師の中で特に尊敬している教師、尊敬しない教師、教師や教えるということについてどう考えていたか。

根 — 子どものころの家庭の価値観や習慣、受け継がれたもの、民族的、宗教、社会における経済的位置づけ。

図2–4　人生の木（Farrell, 2015, 和訳は筆者による）

のかは、そこから教師が何を学ぶことができるかを大きく左右することを指摘しています。たとえば、教えることについて学んできた今までの教師経験を振り返って書くのであれば教師としてのアイデンティティの再構築に意識が向けられ、実践研究の記述であれば特定の授業活動などへの関心が中心となります。したがって、ナラティブを通してどのような学びを促すのかによって言語教師教育のためのナラティブ実践の在り方も目的にあった工夫が必要となります。ここでは、英語教師の成長を目指した二つの取り組み例を紹介します。

　一つめは、ファレル（Farrell, 2015）が提唱している「人生の木」という省察的実践で、筆者も大学での日本語教育の実習授業に導入しています。学期初日にこの方法で受講生それぞれの言語学習観、教育観、理想の教師像などについて振り返る際にこの方法を使っています。ファレルは、言語教師の振り返りにおいて①時系列、②語り（ナラティブ）、③キャリアにおける重大な出来事・時期、の三つの要素の必要性を述べています。この三つに留意し、今までの言語学習者や教師としての経験について図2–4のように時系列で現在から過去へと枝、幹、根の三つに分けて振り返ります。

　「人生の木」のそれぞれの部分についてどんなことがあったか、どんなことを考えていたかを思い出して箇条書きで書きだし、その経験が今の自分のビリーフにどのように関係しているかについてペアで語り合います。たとえ

図2-5　ビリーフと授業実践（Farrell, 2015, 和訳と改変は著者による）

ば、中学の時の英語ネイティブ・アシスタント（ALT）との出会いと憧れ、3か国語を日常的に使い分ける留学生との大学での出会い、といったさまざまな経験が無意識のうちに自身の言語教育観を形成していたことに気づかされます。このような省察的実践を導入する際は、なぜこのような振り返りに意味があるのかについて、まず教師本人が理解していることが重要となります。ファレルは、省察の段階を踏まえ、教師の考え方、授業実践、成長の関係について図2-5のサイクルによって明示しています。

　このサイクルのなかで唯一目に見える部分は「④授業実践」です。しかし実は、④以外の目に見えない①、②、③、⑤の部分がどんな授業実践にするかを決めています。そのなかでも「①哲学」は、教師自身がどんな人間でどんな人生観をもち、なぜ、言語教師になったのか、または続けているのか、といった根幹的な部分です。授業実践の振り返り活動は実習や研修でも実施されていますが、「人生の木」活動のように授業実践を越えたレベルの省察も重要な位置を占めていることが分かります。

　もう一つ、中学・高校で教える現役英語教師のオンラインでの有志による非正課での省察コミュニティでの実践例を挙げます。ヨシダとカンバラ（Yoshida & Kambara, 2013）は、オンライングループでE-portfolioを共有する試みを報告しています。まず、授業、生徒の学び、同僚との会話、など教育実践に関係する喜びや苦悩についてGoogle Docsに書き、グループのほかのメンバーがコメントができるように共有します。その後、参加者はこのGoogle

Docs のアーカイブからいくつかのエピソードを選び、Weblog に編纂していきます。この段階では、いくつかのエピソード間のつながりを考え、経験をさらに抽象的で概念的なものにまとめ直すことになります。

　このナラティブ実践には、より意味ある学びへ導くための三つのしかけがあります。まず、口頭とは違い、書く作業を通したナラティブは、経験をつなぎ合わせ、概念化するという極めて複雑な認知プロセスを可能にするということです。次に、この一連のナラティブ活動を通し、参加教師たちは複数のエピソードのなかで自分たちの経験の意味を**再文脈化**することができます。最後に、Web に載せることで本人のためだけの記録を目的とした従来型のポートフォリオとは違い、公のものになることでほかの教師の成長を促すことも可能となります。経験を振り返り、一度ほどいて紡ぎ直すという語り直しは、新たな考えへの気づきをもたらすという意味で、ローカルな現場への還元につながります。このような教師の省察を目指した**共助コミュニティ**では、語りを聴いたほかの教師が自身の現実世界を捉え直し、主体的に成長するという教師の**エンパワメント**を促します。

　言語教師の成長を目指したナラティブの実践は教師教育課程だけではなく、教師の生涯的な成長や現場経験を通した学びを目的としたものもあります。また、有志の気軽な集まりから機関による制度的なものまで、オンライン・コミュニティも含め、多様な場が提供されるようになってきました。今後は、さらにその教育的および社会的意義の深まりを目指した活動の在り方が注目されていくでしょう。

5　まとめ

　以上、本章では、言語学習者や言語教師の成長を捉えた研究やそのような成長を促すための教育的実践においてナラティブ的発想が言語教育にどのような新たな広がりをもたらしたのかを見てきました。個々の言語学習者や教師の経験や歩んできた径路に光をあてることで見えてきた支援すべき点や方法は、個々の現場への還元だけではなく、多様性や個別性といった言語教育が直面している課題を考える際の鍵にもなります。学習者や教師の主体性や自律性を軸とした教育・研修方法を具体化するにあたり、ナラティブ・アプ

ローチによる研究や実践は大きな役割を担っているといえます。さらに、従来型の学習者像とは異なるトランスナショナルな人生経験者やオンライン資源を利用した独学型の学習者も今後増えていくことが予想されます。このような新しいタイプの言語学習者の支援を考えていくにあたっても、ナラティブ的な研究への期待が高まっています。

文　献

エンゲストローム，Y.（1999）．『拡張による学習 ―― 活動理論からのアプローチ』（山住勝広ほか，訳）新曜社．（原典1987）

北出慶子（2018）．韓国・中国留学経験の意味づけと就職活動 ―― 言語資本から非英語圏留学の学びを考える．『立命館経営学』*56*(5)，115-135．

佐伯胖（2014）．そもそも「学ぶ」とはどういうことか ―― 正統的周辺参加論の前と後．『組織科学』*48*(2)，38-49．

春原憲一郎，横溝紳一郎（2006）．『日本語教師の成長と自己研修：新たな教師研修ストラテジーの可能性をめざして』凡人社．

Barkhuizen, G. (2010). An extended positioning analysis of a pre-service teacher's better life small story. *Applied Linguistics, 31*(2), 282-300.

Benson, P. (2011). Language learning careers as an object of narrative research in TESOL. *TESOL Quarterly, 45*(3), 545-553.

Benson, P. (2014). Narrative inquiry in applied linguistics research. *Annual Review of Applied Linguistics, 34*, 154.

Benson, P., Barkhuizen, G., Bodycott, P., & Brown, J. (2012). Study abroad and the development of second language identities. *Applied Linguistics Review, 3*(1), 173-193.

Bronfenbrenner, U. (1979). *The ecology of human development: Experiments by nature and design.* Harvard university press.［ブロンフェンブレンナー／磯貝芳郎，福富護（訳）(1996)．『人間発達の生態学（エコロジー）―― 発達心理学への挑戦』川島書店．］

Bruner, J. (1996). *The culture of education.* Harvard University Press.［ブルーナー／岡本夏木，池上貴美子，岡村佳子（訳）(2004)．『教育という文化』岩波書店．］

Burns, A., Freeman, D., & Edwards, E. (2015). Theorizing and studying the language‐teaching mind: Mapping research on language teacher cognition. *The Modern Language Journal, 99*(3), 585-601.

Clandinin, D. J. (1986). *Classroom practice: Teacher images in action.* Taylor & Francis.

Cross, R. (2010). Language teaching as sociocultural activity: Rethinking language teacher practice. *The Modern Language Journal, 94*(3), 434-452.

De Costa, P. I., & Norton, B. (2017). Introduction: Identity, transdisciplinarity, and the good language teacher. *The Modern Language Journal, 101*(S1), 3-14.

Dewey, J. (1938). The pattern of inquiry from logic: The theory of inquiry. In L. A. Hickman & T. M. Alexander (Eds.), *The Essential Dewey: Ethics, logic, psychology*, Vol.2 (pp.169-179). Indiana

University Press.

Dörnyei, Z. (2009). The L2 motivational self system. *Motivation, language identity and the L2 self, 36*(3), 9–11.

Dornyei, Z., & Kubanyiova, M. (2014). *Motivating learners, motivating teachers.* Klett.

Douglas Fir Group. (2016). A transdisciplinary framework for SLA in a multilingual world. *The Modern Language Journal, 100*(S1), 19–47.

Farrell, T. S. (2014). *Promoting teacher reflection in second language education: A framework for TESOL professionals.* Routledge.

Gao, F. (2011). Exploring the reconstruction of Chinese learners' national identities in their English-language-learning journeys in Britain. *Journal of Language, Identity & Education, 10*(5), 287–305.

Golombek, P. R., & Johnson, K. E. (2017). Re-conceptualizing teachers' narrative inquiry as professional development. *Profile Issues in TeachersProfessional Development, 19*(2), 15–28.

Johnson, K. E., & Golombek, P. R. (Eds.) (2002). *Teachers' narrative inquiry as professional development.* Cambridge University Press.

Lave, J., & Wenger, E. (1991). *Situated learning: Legitimate peripheral participation.* Cambridge university press. ［レイヴ，ウェンガー／佐伯胖（訳）(1993). 『状況に埋め込まれた学習 —— 正統的周辺参加』産業図書.］

Little, D. (1995). Learning as dialogue: The dependence of learner autonomy on teacher autonomy. *System, 23*(2), 175–181.

Oxford, R. L. (Ed.). (1996). *Language learning motivation: Pathways to the new century* (Vol. 11). National Foreign Language Resource Center, University of Hawai'i at Mānoa. Distributed by University of Hawai'i Press.

Tsui, A. B. (2007). Complexities of identity formation: A narrative inquiry of an EFL teacher. *TESOL quarterly, 41*(4), 657–680.

Ueki, M., & Takeuchi, O. (2017). The impact of studying abroad experience on the affective changes related to L2 motivation: A qualitative study of the processes of change. In M. T. Apple, D. Da Silva, & T. Fellner (Eds.) *L2 selves and motivations in Asian contexts* (pp.119–133). Multilingual Matters.

Ushioda, E. (2009). A person-in-context relational view of emergent motivation, self and identity. In Z. Dörnyei & E. Ushioda (Eds.), *Motivation, language identity and the L2 self* (p.215, p.228). Multilingual Matters.

Vygotsky, L. S., & Luria, A. R. (1993). E*tyudy po istorii povedeniya: Obez'yana. Primitiv. Rebenok* [V. I. Golod & J. E. Knox (Eds. and trans.), *Studies on the history of behavior: Ape, primitive, and child.* Erlbaum].

Yoshida, T., & Kambara, K. (2013). EFL teachers' conceptual development and the transformation of teaching through narratives in the e-portfolio. In S. B. Said & L. J. Zhang, *Language teachers and teaching: Global perspectives, local initiatives.* Routledge.

Zittoun, T. (2006). *Transitions: Development through symbolic resources.* IAP.

3 章

現実を構成するナラティブ

オートエスノグラフィ、当事者研究、ライフストーリー研究を中心に

三代純平

1 現実を構成するナラティブ

　ナラティブの一つの大きな機能として、現実を構成・再構成していくということがあります。1章で論じているように、私たちは、自身の経験をある一貫性をもった物語、ナラティブとして理解することで、自分とは何者なのか、あるいは何者になりうるのかといった**アイデンティティを形成**します。また、ナラティブを作り出す過程での気づきは、それまで自身でも意識していなかった自分の可能性や願望に気づき、これまでのアイデンティティを更新し、再構成していくことにつながります。アイデンティティとは、「日本人」「男性」のような社会的カテゴリーに代表されるような固定的な枠組みで表象されるものではなく、何者になりうるのかという自己の主体的な生き方によって形成されるものであり（ホール, 1996/2000）、自己のナラティブによって再帰的に形成されるものと言えます（ギデンズ, 1991/2005；野口, 2002）。

　一方で、私たちは、他者についてもナラティブを通じて理解します。たとえば、隣にベトナム人の家族が引っ越してきたとします。最初はその家族のことを知りません。しかし、近所づき合いが生まれ、その家族の来歴を知るようになります。ハノイ出身の夫婦は日本文化に憧れ、日本に留学し、日本語学校で出会い、専門学校に進学し、東京で就職し、結婚、やがて子どもが生まれたので、ここに引っ越してきたといった話かもしれません。徐々に彼らについてのナラティブが自分のなかに構成されていき、彼らへの理解が深まっていきます。

　もう一つ大切なことは、自己と他者のナラティブは、社会に埋め込まれているということです。社会にすでに流通しているナラティブから影響を受け、時に矛盾や反発を見せながら、自己と他者のナラティブがつくられていきま

す。

　社会心理学者のエリック・エリクソンは、自己アイデンティティ（self identity）を、個人的アイデンティティ（personal identity）と社会的アイデンティティ（social identity）の相互依存的な関係から成り立つものであると説明しました。個人的アイデンティティとは、「私」とは何者かについて自分自身がもつ概念であり、社会的アイデンティティは、「私」とは何者かについて社会や他者がもつ概念です（エリクソン，1959/1973）。つまり、アイデンティティは、自分自身がどうあるかだけではなく、社会が自分をどう見るかにも影響を受けます。もう少し言えば、自分が何者で、何者になりたいのかというナラティブは、社会が自分をどう見ているかということを抜きに成立しないのです。たとえば、私は日本語教育の専門家として自分が指導する留学生の自己実現を支えたいと考えていますが、それは社会的に規定された日本語教育の専門家の役割から少なからず影響を受けているはずです。

　隣人となったベトナム人家族と交流するなかで彼らのナラティブを構成し、彼らを理解していくという例を出しました。しかし、実は、私たちは社会にすでに流通しているナラティブから影響を受けながら、他者を理解しようとします。ある人は著しい経済発展をイメージするかもしれません。またある人はベトナム戦争のイメージを投影させ、恐れのような感情を抱くかもしれません。ある国や地域、民族、社会階層、職業などと結びついたナラティブは、無数に社会に流通しています。社会で共有された支配的なナラティブは、**ドミナント・ストーリー**や**マスター・ナラティブ**と呼ばれます。もし、このドミナント・ストーリーがネガティブなイメージをまとっているとしたら、それは、**ステレオタイプ**や**偏見**になるわけです。私たちは、ドミナント・ストーリーに影響を強く受けながら他者を理解してしまうことには注意が必要です。一方、隣人の家族と交流しながら、そのドミナント・ストーリーとは、異なる他者のナラティブがあることに気づいていくかもしれません。外国人に対して漠然とした恐れを抱いていた人が、隣人であるベトナム人家族の優しさに触れ、そのイメージを変えていくこともあるでしょう。ドミナント・ストーリーと異なる、あるいはドミナント・ストーリーに抵抗するナラティブのことを、**オルタナティブ・ストーリー**と言います。このオルタナティブ・ストーリーに出会うことで、他者への理解が深まることもある

のです。

　さらに重要なことは、自己や他者についてのナラティブは、社会に流通するナラティブから単純に影響を受け続けるだけのものではないということです。ドミナント・ストーリーに抵抗するオルタナティブ・ストーリーは、やがてドミナント・ストーリーの再考を社会に促す可能性をもっています。社会は無数のナラティブで織り成されています。人は、この無数のナラティブによって、自身の現実を構成・再構成していくのです。常に新しいナラティブが生成され、それは新しい現実を作り出していきます。だからこそ、ナラティブには、**現実を変える力がある**のです。

　ドミナント・ストーリーは、マジョリティの声を反映し、マイノリティの声をかき消してしまう場合があります。言い換えると、多数派の声は少数派の声を抑圧していることがあるのです。この少数派の声を掬いとり、多様な声を社会に響かせることもナラティブ・アプローチの大きな役割です。マイノリティの声を社会に発信することは、マイノリティの**エンパワメント**にもつながります。

　エンパワメントとは、「力／パワー／ power」に「〜する」という接頭語である「エン／ em」がついたことばで、もっている力を引き出す、発揮するという意味があります (安梅, 2014)。安梅 (2005) は、エンパワメントを「元気にすること、力を引き出すこと、きずなを育むこと、そして共感に基づいた人間同士のネットワーク化」(p.5) と定義します。ジマーマンとラパポート (Zimmerman & Rappaport, 1988) は、エンパワメントを、個人が主体的に生き、コミュニティへの民主的な参加を獲得するプロセスとして捉えています。安梅ら (2014) によれば、17世紀に、法的な権限を与えるという意味の法律用語として使用されたエンパワメントは、その後、1950年代のアメリカの公民権運動などを経て、社会的な地位を向上させるための権利の獲得など、その意味を広げていきました。エンパワメントを市民運動として世界的に広めたのは教育思想家であるパウロ・フレイレです。フレイレは、**識字能力（リテラシー）の獲得**により、市民の解放を志しました（フレイレ, 1979）。エンパワメントがリテラシー教育、すなわちことばの教育を通してめざされたということは、言語教育におけるナラティブ・アプローチを考えるうえで、大変興味深いことです。

本章では、このようなナラティブの現実を構成する力、特にオルタナティブ・ストーリーを社会に届けることや、多様な社会の構成員のエンパワメントに着目したナラティブ・アプローチを取り上げます。現実の構成、再構成は、ナラティブのもつ重要な特性であり、多くのナラティブ・アプローチがその目的、あるいは結果として現実の（再）構成を内包していますが、本章では特に、当事者が自身のナラティブを作り、発信していく実践を中心に取り上げたいと思います。そのことで、同時に、ナラティブにおける「**当事者性**」についても考えていきます。

2　自己の物語
── オートエスノグラフィを中心に

　当事者が自身の経験を社会的文脈のなかに位置づけながら、当事者のナラティブから当事者の経験を研究する方法として**オートエスノグラフィ（自己エスノグラフィ）**があります。オートエスノグラフィとは「ジャンル的には自叙伝的な記述とそれを通した研究に属し、個人と文化を結びつける重層的な意識のあり様を開示するものである」（エリス，ボクナー，2006，p.135）といいます。

　オートエスノグラフィは、当事者の経験が記述されたものであるという点ではエッセイや日誌などと共通しますが、それらとは一線を画する特徴として、沖潮（原田）（2019）は、次の4点を指摘します。「①文化や文化的実践への言及や批判が含まれていること、②先行研究への貢献となる知見を提示していること、③脆弱な自己を開示し表現していること、④読み手との相互作用を呼びかけるものであること」（沖潮（原田），2019，p.151）。

　一方で、研究者が自身について研究するオートエスノグラフィは、研究対象を自身としている点や、その文体も文学作品に近いことなど、従来の多くの研究とも一線を画しています。エリスとボクナー（2006）は、オートエスノグラフィを従来の科学よりも芸術に近いといい、その研究の妥当性は、読者がその作品を読み、そこに描かれた経験が真に迫り、納得できるものと感じるかや、読者や書き手自身の人生をよりよいものにできるかどうかであると述べています。

オートエスノグラフィの第一人者であるキャロライン・エリスは、「オートエスノグラファというのは、ストーリーの著者でありながらストーリーの対象者であり、語り手であり経験者であり、そして観察者であり観察される対象でもあります。私は、個人と文化の接点に立ち、エスノグラファとして考え、観察し、ストーリーテラーとして書き、描写するのです」(Ellis, 2009, p.13)と述べています。このエリスの最初の著作（1995）は、その後に続くオートエスノグラフィ研究に多大な影響を与えました。エリスの最初のオートエスノグラフィは、エリスの大学院の指導教員で、後に夫になるジーン（Gene）との体験の回顧録です。ジーンとの出会いと恋愛の過程、肺気腫を発病し動けなくなっていくジーンとともに病と闘った日々、その後ジーンと死別した体験などが詳細に記述されています。そして、人生で起こる数々の出来事の複雑さを理解するための方法として、自分の人生について書き、分析することの重要性を主張しています。社会学者であるエリスは、このオートエスノグラフィを通して主観性や感情を扱うことで、社会科学分野の研究の射程を広げたと言えます。

　エリスの研究に続き、オートエスノグラフィを用いて自己を見つめ、捉え（直し）、内面に隠れていた声を可視化していく研究が多く発表されるようになります（Toyosaki & Pensoneau-Conway, 2013 など）。言語教育に関する分野においても同様で、自らの言語学習の過程を省察したり、その過程におけるアイデンティティの変容を認識したりすることが、オートエスノグラフィによって明らかにされています（Casanova, 2012；Simon-Maeda, 2011）。

　たとえば、サイモン-マエダ（Simon-Maeda, 2011）の研究は、日本の大学に英語教師として赴任した期間に日本語を学んでいく様子を日記形式で記録したものがもとになっています。日本語が話せるようになるまでの体験を、エスノグラフィ的な観察に基づく詳細な記述と、それらの内省的な解釈を通して物語っています。

　サイモン-マエダは、日本での永住を決定づけた国際結婚によって、より深く日本社会と関わっていきます。そして、多くの第二言語学習とアイデンティティ研究（Norton, 2000；Pavlenko, 2007 など）のように、サイモン-マエダも、第二言語学習をより大きな文化歴史的な文脈に位置づけて捉えようとします。人種やジェンダーに対する意識、職場での制度的なヒエラルキーなど、日本

社会に根づく社会的な問題を通して、英語教師として、女性として、妻として母として、自らのアイデンティティ形成について振り返っています。同様の研究に、カサノバ（Casanova, 2012）があります。カサノバの研究は、日本の大学で英語教師として教壇に立つ日々を綴った8年間の日記を資料として、独学で日本語を習得していく過程を考察しています。

　また複数の国と言語の境界を移動しながら育つ「移動する子ども」（川上, 2006）として成長した記憶と記録を振り返ったオートエスノグラフィに李（2013）があります。李（2013）は、韓国と日本の間を往来しながら育った自身のナラティブから、自身にとってのことばがもつ意味とアイデンティティの変容について論じています。李は、両親の都合で小学生のとき、日本へ移住し、中学生のとき、再び韓国に移住します。日本語を身につけていく過程での葛藤、また韓国に戻ったあとの葛藤、そして、再び日本に留学し、そこで自分と同様に複数言語環境で育った友人たちに出会うことで、韓国語と日本語の両方を話す自分をありのままに受け入れられるようになった経験が本人しか語れない描写により記述されています。彼女は、自身の複数言語への関わり方は、自身の言語を受け止める他者によって支えられること、またその他者との関係によって、自身の言語意識が常に問い直されることを指摘し、そのような問い直しのなかに自身のような「移動する子ども」のことばの学びはあるのだと述べています。また、彼女は、自己エスノグラフィを描くことによっても、自身の言語意識を明確化し、自身の経験を意味のあるものとして捉えることができるようになったといいます。

　李が最後に指摘するように、自身の経験を記述すること、つまり、自身のナラティブを生成することに、経験を振り返り、新しいアイデンティティを作り出していく可能性があります。

　また、近年は、協働でオートエスノグラフィに取り組む**コラボラティブ・オートエスノグラフィ**もみられます（Chang, Ngunjiri, & Hernandez, 2013）。コラボラティブ・オートエスノグラフィでは、語りを他者に聞いてもらうこと、他者と語り合うことを通して、自己の経験の解釈をより深めていくことが期待されます。中井と丸田（2019）は、ろう者を家族にもつCODA（Children of Deaf Adults）とSODA（Sibling of Deaf）の両者が互いに自己の経験を語り合い、それぞれのオートエスノグラフィを協働で探求することで、音声言語社会で不可

視化される聴者とろう者の文化のはざまでジレンマを抱える見えないマイノリティの存在を明らかにしています。

　谷口 (2013) は、自身はコラボラティブ・オートエスノグラフィという用語は使用していませんが、学習支援者と学習者が協働で自分誌を制作し、その内容と執筆過程における学習者のアイデンティティの変化を研究した興味深い論考です。谷口は、9歳の時に中国帰国者三世として来日した大学生サト子と協働で自分誌を記述する実践を考察します。サト子は、自身の日本語によるリテラシーを向上させるために谷口と協働で自分誌を書くことを決めます。自分誌を選択した動機としては、消えゆく中国での記憶を書き留めておきたいという自分自身へ向けたものであったが、活動を進めるうちに日本人の読者に自分のような生き方を知ってほしいという動機が生まれたと言います。谷口は、その活動に寄り添いながら、自分誌を書くという行為を通じて、自身の言語に対する意識、アイデンティティが再構築されていくことを明らかにしています。

　自分にしか語れない経験があるという李や自分の経験を残し、日本の人に知ってほしいというサト子は、複数の地域や言語を往来し、葛藤しながら複数言語を生きる自分をアイデンティティとして受け入れながら、自身の居場所を見つけていきます。これは、「日本人」「韓国人」「中国人」というカテゴリーに当てはまらない自分たちの経験を自分たちの声で語る試みです。それは、李らのような当事者のアイデンティティを再構成すると共に、社会に対して、一つのオルタナティブ・ストーリーを提示しています。そして、自分たちの経験を自分たち自身で語り、オルタナティブ・ストーリーを社会に響かせることは、当事者たちのエンパワメントにもつながります。

　このオートエスノグラフィに顕著に見られるナラティブの現実を構成する力に注目し、多様な教育実践、あるいは社会実践が試みられています。その典型的なものとしては、教室活動として自分誌を記述すること、また、記述の過程で、あるいは記述されたものについてクラスメイトや教師と話し合うことを通じて、自身の言語学習や留学経験の意味や自己のアイデンティティを捉え直すという実践です (高橋, 2014；長嶺, 2011)。

　また、マイノリティの経験を語ること、さらにその語られた経験を他者が聞くことを通じて、当事者たちが自己の経験を見つめ直し、主体的にアイデ

ンティティを構成することや、社会が当事者たちの声から多様な社会のあり方への理解を深めることをめざした社会実践も数多くおこなわれるようになってきました。本書実践編においても取り上げる**デジタル・ストーリーテリング**（9章）や**ヒューマンライブラリー**（10章）もその代表的な試みの一つです。近年は、インターネットを利用したナラティブの発信も盛んになっています。たとえば、批判的談話分析によって共生をめざす学習場面においてステレオタイプが構築されている過程を分析したオーリ（2005）は、そのようなステレオタイプに対する気づきと変更を迫るために、日本で周辺化されるマイノリティ、一人ひとりのストーリーを発信するプロジェクト「New Face of Japan」を主催しています。オーリは、そのウェブサイトにおいて以下のように述べています。

　ストーリーを語ることで他者に自分の「世界を見せる」ことができ、他者のストーリーを聴くことで自分の知らなかった「世界に触れる」ことが可能になります。他者の世界に触れることで今まで想像できなかった気づきが生まれることが期待できます。

（オーリ, n.d.）

　教育活動と社会実践を統合した試みも登場しています。カシオ計算機と武蔵野美術大学は産学連携として「にっぽん多文化共生発信プロジェクト」を2018年に立ち上げました。そこでは、多文化社会を支える人々の活動を取材し、その実際の活動の様子とそこに込められた想いについてのナラティブをドキュメンタリー映像としてまとめ、ウェブサイトで発信しています[1]。このプロジェクトもまた、当事者のナラティブを共有することで、当事者のエンパワメントや社会全体の変容を求めることをめざした取り組みです（三代, 米徳, 2021）。

　また、本書14章では、移住者のナラティブを教材化する試みが紹介されていますが、川上、尾関、太田（2014）は、（国境や言語間を）**移動する子ども**として成長した青年たちのナラティブに基づいた教材を作成しています。当事者のナラティブを教材という形を通じて共有していますが、学習者は、そのナラティブと自身の経験を比較しながらナラティブ化することで、言語意識やアイデンティティについて考えることができます。武、齋藤（2019）は、

上記の教材を用い、移動した経験をもたない学生たちが、**外国につながる子どもたち**のナラティブを読み、自身の言語意識やアイデンティティを考えるという実践に取り組んでいます。

　以上、オートエスノグラフィを中心に、当事者によるナラティブ研究を概観しました。そして、自身のナラティブを語る、書くということ、さらにそれを他者や社会と共有するという実践をあわせて紹介しました。当事者の声＝ナラティブが複層的に社会に響くことで、それぞれの現実が再構成され、それはそれぞれの生をエンパワメントし、社会全体に豊かな多様性をもたらす可能性を秘めています。ここに、ナラティブ・アプローチの大きな意義があると言えるでしょう。

3　当事者研究

　オートエスノグラフィ同様に、当事者によるナラティブから自己の経験の意味を探究する研究として日本で独自に発展し注目を集めているものに**当事者研究**があります。日本における当事者研究は、2001年、北海道にある**浦河べてるの家**にて始まりました（浦河べてるの家, 2005）。その研究は、ソーシャルワーカーの向谷地と統合失調症のK君との間で、K君の「爆発」を研究することから生まれたと言います（向谷地, 2018）。当事者研究とは、「障害や問題を抱える当事者自身が、自らの問題に向き合い、仲間と共に、「研究」すること」（石原, 2013, p.66）をいいます。

　当事者研究については著作も多く（たとえば、綾屋, 熊谷, 2008；浦河べてるの家, 2005など）、詳細はそちらを参照していただくとして、ここでは、言語教育に関するナラティブ・アプローチにつながるポイントを指摘したいと思います。

　まず、当事者研究は、一義的には、障害を抱える人たちの自助プログラムであるということです。向谷地（2018）は、当事者研究の特徴として、「研究」という形で自身の問題を外在化し、仲間と共に問題と向き合っていくことであると言います。熊谷（2013）は、障害者が自身のことを自身で決定するという当事者運動に対し、当事者研究のスタンスは「私は私のことをよく知らない。私が何者であるか、私が何をおこなうかを、仲間と共に探る」（p.219）という特徴をもち、そうすることで、逆説的に自身の決定に向き合うことが

できると述べます。その根底には、「弱さを絆に」という理念が流れています（向谷地, 2018）。つまり、当事者研究は、自己について語るが、自身のことは自身が一番わかる、あるいは自身のみが語ることができるという思想に必ずしも立たず、自身の問題を他者と共有し、弱さを晒し、その弱さによって連帯しながら、問題に向き合う実践であると言えます。

　この点について、中川、柳瀬、樫葉（2019）は、応用言語学のコミュニケーション能力論に対して当事者研究は示唆的であるとしています。中川らは、応用言語学のコミュニケーション能力論は、個人に焦点化され過ぎていると批判し、「他者と助け・助けられる関係性に参加することによって逆境を乗り越える力」（p.116）である**関係性レジリエンス**をコミュニケーション能力に含めることを主張します。そして、英語教員養成プログラムのなかに、当事者研究を導入した実践を展開しています（樫葉, 中川, 柳瀬, 2018；中川, 樫葉, 柳瀬, 2019）。

　また、現象学の立場から当事者研究に関わってきた河野は、障害のある子どもの教育には、通常の学校や学級に包括する「**インクルージョン**」の理念が重要であり、そこには当事者研究の導入が有用であることを指摘します（河野, 2017）。インクルージョンとは、包摂とも訳され、障がいや文化的ルーツ、言語習得などの理由によって社会から排除するのではなく、その多様性を尊重しながら、それぞれのニーズにあった形で共生することをめざす理念です。教育では、障がい者、言語的マイノリティなども個々のニーズに合わせた支援のもと、一つのクラスで学ぶことを**インクルーシブ教育**と言います（湯浅, 新井, 吉田, 2019）。近年、言語教育においても、このインクルージョンの必要性が主張されています（中川, 2020）。中川は、韓国語教育の現場でインクルージョンを実現する試みとして、脳性麻痺という障がいをもつＡさんとの当事者研究に取り組み始めています（中川, 2020）。

　当事者研究は、自助プログラムの実践として始まりましたが、そこで生成された知の研究的意義が大きく注目されています。向谷地（2018）は、当事者研究の当事者には、そこに関わる精神科医、ソーシャルワーカーの専門家も含まれるが、当事者研究において、専門家の専門知と当事者の経験知は、その知の価値において対等であることが重要であると言います。また、河野（2013）は、当事者研究が提示する新しい知は、価値にコミットするモデルを

提供し、それは普遍性をめざさないとし、以下のように主張しています。

　普遍性を訴える科学は、人間に関しては何を研究しているのだろうか。様々な人間存在の中から、一般的な性質を抜き出し、抽象化することが科学なのだろうか。そうした一般論は、個々の事例の重要な特殊性を取りこぼしてしまう。それでは、自分の問題を何とか改善しようとしている当事者にとっては、十分に役立つものとはいえない。人間に関する科学は、個々の人間の成長に役立つ知を提供すべきであり、そうした科学の目的は、普遍性の発見ではなく、個々の事例の問題解決であってよいはずだ。
（河野，2013, p.10）

　この知のあり方は、ナラティブ・アプローチが提供する知のあり方に対しても示唆的であると言えるでしょう。さらに、野口（2018）は、従来のナラティブ・セラピーにおいて自己のナラティブが自己のなかで閉ざされるという限界があることを指摘し、当事者研究では、「研究」という形を取ることでナラティブが公共化されることに、ナラティブの新しい可能性を見出しています。
　当事者研究は障害を抱える人たちの実践として始まりました。しかし、石原（2013）は、当事者研究は苦悩や問題に向き合うすべての人に開かれていると言います。

　当事者研究は精神障害をもつ当事者たちの間で始まったものだが、特定の障害に限られるものではないし、また、マニュアルのようなものがあるわけでもない。さらに言えば、当事者研究の実践は、障害をもつ人のみに開かれているものでもない。誰かが「研究」的な態度で自らの苦悩や問題に向き合うとき、そこではすでに当事者研究が始まっている。苦悩に向き合う誰もが当事者なのであり、当事者研究の実践は、原理的には、それを必要とする人すべてに対して開かれている。
（石原，2013, pp.66-67）

言語教育に関するナラティブ・アプローチにおいて、今後、当事者研究が取り入れられ、新しい可能性をもたらしていくと思われます。

4　ライフストーリー研究の提起する研究者／実践者の 当事者性

　オートエスノグラフィ、当事者研究を中心に、「当事者」が自身のナラティブを語ることの意味、その研究と実践について見てきました。「当事者」の視点からナラティブを生成することは、自身のアイデンティティを構成／再構成する契機となると同時に、ドミナント・ストーリーに対するオルタナティブ・ストーリーを社会に流通させることになり、引いては当事者のエンパワメントにつながる可能性が拓かれています。

　ただし、ここで立ち止まって少し注意する必要があるのは、「当事者」とは誰かという問題です。2章で見てきたように、多くのナラティブ研究は、オートエスノグラフィにおけるナラティブ生成の主体のような当事者ではない、調査者によるものでありました。それに対して、当事者自身が語られる対象ではなく、語る主体になるべきだという問題提起も当事者による研究にはあります。当事者研究の場合、研究するという行為を一つの実践として捉えます。そこには、自分たちについて語る権利を自分たちに元に取り戻そうという**当事者主権**（中西，上野，2002）の議論の流れがあります。

　一方で、調査における「当事者」とは誰かという問題は、非常に複雑です。調査をめぐる「当事者」の優位性については以下のような問題が指摘されています。当事者こそがその問題を語ることができるとすれば、当事者が特権化されて問題を広く議論する可能性が閉ざされてしまうということ（熊田，2010）、当事者だからこそ見えない部分や、自身の感覚が状況の分析を妨げる可能性があること（菅野，2007）、そして、そこに社会問題があるとすれば、誰もが当事者であること、特に差別問題においては、差別する主体側の当事者性が問われるべきであること（好井，2010）があります。

　また、ナラティブ研究をはじめとする質的研究における研究者のポジショニング（位置取り）の問題も議論されています。西（2015）は、研究者の主観的な心の動きに根差してこそ、インタビューの語り手の体験世界へ迫ることができると主張しています。カナガラジャ（Canagarajah, 1996）は、言語教育研究において、**研究者の主体性**（subjectivity）を見る必要性を指摘しています。

これに触発されたアーリーとノートン（Early & Norton, 2013）は、教師研究の場におけるスモール・トーク（small talk）（4章参照）において、研究者＝教師教育者のアイデンティティがどのように構成されているかを考察しています。

　以上のような問題意識から、研究者の立ち位置、主観、アイデンティティを研究の射程に捉えるナラティブ・アプローチがあります。そのなかで、本章では、人生や生活の物語としてのナラティブを研究する方法論として、特に研究者による語りや研究者が調査のフィールドに持ち込む価値観＝「**構え**」を積極的に考察することで、調査協力者の経験の意味を読み解くことをめざす**ライフストーリー研究**を取り上げます。

　ライフストーリー研究は、**ライフヒストリー研究**から派生し、日本の社会学を中心に発展した研究法です。その中心的提唱者である桜井厚は、ライフストーリー研究では、インタビューによる語りを、調査協力者の過去の経験である〈あのとき－あそこ〉の物語が、調査者と調査協力者の相互行為によって〈いま－ここ〉で構築されるストーリーであると考えるとします（桜井, 2002, 2012）。

　ライフストーリー研究の方法論的特徴としては、何が語られたかという語りの内容といかに語ったかという語りの方法を複合的に分析することで、調査協力者の主観的世界の構成に迫ろうとする点、さらには、いかに語ったかということは、インタビューという場やそこに参画する調査者に影響されるということから、調査者がフィールドに持ち込む思い＝「構え」（桜井, 2012）を積極的に考察の射程に入れていることにあります。つまり、調査者も語りを構成する当事者として自己言及的に分析・記述されることにライフストーリー研究の一つの特徴があります。

　石川（2012）は、ライフストーリー研究において調査者としての「私」を自己言及的に記述することの意義を二つの観点から説明しています。一つは、調査協力者の経験の理解可能性を高めることです。調査者が構成、記述した物語のみを示すより、その物語に調査者がたどり着いたプロセスも併せて示すことで、読者はより深く調査協力者の経験を理解できると石川は主張します。もう一つは、ライフストーリーが「リソース」としての知となることです。調査者がフィールドと向き合い、葛藤した経験もそのフィールドを理解するための知になると石川は考えます。

近年、ライフストーリー研究は、看護や教育などの領域を横断して広く取り組まれています。留学生、移民、その子ども、難民など、社会的少数者の経験を理解する方法として、言語教育においても積極的にライフストーリー研究がおこなわれるようになっています。画一的な方法論はなく、緩やかに個別の目的に応じて援用されているライフストーリー研究ですが（三代, 2014, 2019a）、本章では、言語教育において特に調査者の当事者性に言及したライフストーリー研究を取り上げたいと思います。

　三代（2015, 2019b）は、日本企業に就職した元留学生のライフストーリー研究です。グローバル人材としてのアイデンティティを構成しながら、就職し、社会人生活を送る元留学生の葛藤とそれに寄り添いつつグローバル人材という価値観を内面化することの問題を自覚する調査者を考察することで、日本社会が多文化に開かれた社会になるための就職支援のあり方を検討しています。

　田中（2016）は、在韓「在日コリアン」日本語教師のライフストーリーから、「日本語＝日本人」という日本語教育に根強い観念を問い直した研究です。田中は、4名の在韓「在日コリアン」日本語教師へのライフストーリー・インタビューを丁寧に分析することにより、今まで論じられることがなかった「在日コリアン」二世、三世がいかに韓国で日本語教師を続けているかを明らかにしましたが、調査の過程に持ち込んだ自らの構えを内省することで、日本語教育における「単一性志向」がいかに根強く社会に存在し、それが個々の意識に浸透しているのかを複層的に描いています。

　中川（2018）は、地域の日本語教育ボランティアに長く携わる方へのインタビューから、ボランティアのあり方に対して問題提起をおこなった論考です。研究者である中川と日本語教育の専門的なトレーニングを受けずに長年ボランティアに携わっている調査協力者との関係性や、そこで浮き彫りになる中川自身の日本語教育の専門性に対する構えが批判的に検討されます。そしてそのことで、制度化されていく地域日本語教育が見落とそうとしている現場の人のあり方について問題提起しています。

　また、ライフストーリー研究のもつ実践性も言語教育のナラティブ・アプローチとして注目されています。飯野（2017）は、言語教師同士がおこなうライフストーリー研究が言語教師の教育観や経験の捉え直しを促し、教師の

成長につながることを指摘しています。飯野の研究は、調査協力者のインタビュー経験を通じた変化に焦点が当たっていますが、髙井（2019）は、日本語教師であり、調査者である自身を批判的に分析しています。髙井は、自身がタイで日本語教師をしていた時代の元同僚であるタイ人日本語教師にライフストーリー・インタビューをおこないます。そこで、自身の教育観と調査協力者のそれがすれ違いながら、葛藤する自分の経験を振り返りながら、ライフストーリー全体に立ち返って、お互いの教育観を共有することが教師の成長につながることを主張しています。より実践的に教師同士のライフストーリー・インタビューに取り組んだのが重信、家根橋（2016）です。重信、家根橋は、教師同士がインタビューすることで、教師経験の内省が深まり教師の成長に向けた気づきがあることをその実践から報告しています。

　以上、現実を構成する力という観点から、特に「当事者」によるナラティブを中心に概観しました。ナラティブを語る、書くことによってアイデンティティ、社会を（再）構成することは、当事者のエンパワメントにつながります。また、その出発点には、社会的権力関係の網の目のなかで、当事者が自身のナラティブの主体的な語り手になっていないという問題が根底にあることが当事者研究などの知見からわかります。自分の物語の担い手に自身がなることが、エンパワメントの出発点にあると言えるでしょう。

　そして、その当事者のナラティブの共有によって、社会全体の物語が問い直され、多様化していくことでより豊かな社会を創造することをナラティブ・アプローチはめざしています。

注

1）「にっぽん多文化共生発信プロジェクト」https://web.casio.jp/mau/（2021/03/10取得）
　＊本稿は、JSPS科研費17K13488の助成を受けて執筆したものである。

文　献

綾屋沙月，熊谷晋一郎（2008）．『発達障害当事者研究 ── ゆっくりていねいにつながりたい』医学書院．

安梅勅江（編）（2005）．コミュニティ・エンパワメントの技法 ── 当事者主体の新しいシステムづくり』医歯薬出版．

安梅勅江（2014）．いのちの輝きに寄り添うエンパワメント．安梅勅江，芳香会社福祉研究所（編）『いのちの輝きに寄り添うエンパワメント科学 ── だれもが主人公、新しい共生かたち』(pp.2-6) 北大路書房．

李玲芝（2013）．私の中の「移動する子ども」── 自己エスノグラフィーから見えたもの．川上郁雄（編）『「移動する子ども」という記憶と力 ── ことばとアイデンティティ』(pp.119-143) くろしお出版．

飯野令子（2017）．『日本語教師の成長 ── ライフストーリーからみる教育実践の立場の変化』ココ出版．

石川良子（2012）．ライフストーリー研究における調査者の経験の自己言及的記述の意義 ── インタビューの対話性に着目して『年報社会学論集』25, 1-12.

石原孝二（2013）．当事者研究とは何か ── その理念と展開．石原孝二（編）『当事者研究の研究』(pp.11-72) 医学書院．

浦河べてるの家（2005）．『べてるの家の「当事者研究」』医学書院．

エリクソン，E. H.（1973）．『自我同一性 ── アイデンティティとライフ・サイクル』(小此木啓吾，訳編）．誠信書房．（原典1959）

エリス，C., ボクナー，A.（2006）．自己エスノグラフィー・個人的語り・再帰性 ── 研究対象としての研究者（藤原顕，訳）．デンジン，N. K., リンカン，Y. S.（編），平山光義（監訳）／大谷尚，伊藤勇（編訳）『質的研究ハンドブック3巻』(pp.129-164) 北大路書房．（原典2000）

沖潮（原田）満里子（2019）．自己エスノグラフィー．サトウタツヤ，春日秀朗，神崎真実（編）『質的研究法マッピング ── 特徴をつかみ，活用するために』(pp.151-158) 新曜社．

オーリ，R.（n.d.）. New face of Japan. https://www.richaohri.com/newfaceofjapan.html（2021/3/10取得）．

オーリ，R.（2005）．母語話者による非母語話者のステレオタイプ構築 ── 批判的談話分析の観点から『リテラシーズ』2(1), 1-9.

樫葉みつ子，中川篤，柳瀬陽介（2018）．卒業直前の英語科教員志望学生の当事者研究 ── コミュニケーションの学び直しの観点から『中国地区英語教育学会研究紀要』48, 95-105.

川上郁雄（2006）.年少者に対する日本語教育の課題．川上郁雄（編）『「移動する子どもたち」と日本語教育 ── 日本語を母語としない子どもへのことばの教育を考える』(pp.14-22) 明石書店．

川上郁雄，尾関史，太田裕子（2014）．『日本語を学ぶ／複言語で育つ ── 子どものことばを考えるワークブック』くろしお出版．

ギデンス，A.（2005）．『モダニティと自己アイデンティティ ── 後期近代における自己と社会』(秋吉美都，安藤太郎，筒井淳也，訳）ハーベスト社．（原典1991）

熊谷晋一郎（2013）．痛みから始める当事者研究．石原孝二（編）『当事者研究の研究』

（pp.217–270）医学書院.

熊田陽子（2010）．共在者は当事者になりえるか？ ── 性風俗店の参与観察調査から．宮内洋，好井裕明（編）『〈当事者〉をめぐる社会学 ── 調査での出会いを通して』（pp.1–19）北大路書房.

河野哲也（2013）．当事者研究の優位性 ── 発達と教育のための知のあり方．石原孝二（編）『当事者研究の研究』（pp.73–111）医学書院.

河野哲也（2017）．当事者研究と「教育学」．熊谷晋一郎（編）『臨床心理学増刊第9号 ── みんなの当事者研究』（pp.56–60）金剛出版.

桜井厚（2002）．『インタビューの社会学 ── ライフストーリーの聞き方』せりか書房.

桜井厚（2012）．『ライフストーリー論』弘文堂.

重信三和子，家根橋伸子（2016）．「日本語教師のライフストーリー・インタビュー」体験 ── 実践者の経験をむすぶ．『2016年WEB版日本語教育実践研究フォーラム報告』（pp.1–10）日本語教育学会.

菅野幸恵（2007）．固定化された関係を超えて．宮内洋，今尾真弓（編）『あなたは当事者ではない ── 〈当事者〉をめぐる質的心理学研究』（pp.18–27）北大路書房.

武一美，齋藤恵（2019）．移動経験のない大学生は「複言語で育つ子ども」とどう向き合ったか ── 人の語りにふれて境界を越える『言語文化教育研究』17, 317–338.

髙井かおり（2019）．タイの中等教育機関で働いていた斎藤先生の日本語教育観は変容したのか ── 気づきを得ることの難しさ『言語文化教育研究』17, 300–316.

高橋聡（2015）．参加者の生活・人生にとって教室実践活動はどのような意味をもつのか ── 教室の外からの視点．細川英雄，三代純平（編）『実践研究は何をめざすか ── 日本語教育における実践研究の意味と可能性』（pp.253–281）ココ出版.

田中里奈（2016）．『言語教育における言語・国籍・血統 ── 在韓「在日コリアン」日本語教師のライフストーリー研究』明石書店.

谷口すみ子（2013）．「移動する子ども」が大人になる時 ── ライフストーリーの語り直しによるアイデンティティの再構築．川上郁雄（編）『「移動する子ども」という記憶と力 ── ことばとアイデンティティ』（pp.44–68）くろしお出版.

野口裕二（2002）．『物語としてのケア ── ナラティブ・アプローチの世界へ』医学書院.

野口裕二（2018）．『ナラティヴと共同性 ── 自助グループ・当事者研究・オープンダイアローグ』青土社.

中井好男，丸田健太郎（2019）．音声日本語社会が生み出すダブルバインドに関する試論 ── 見えないマイノリティによるコラボラティブ・オートエスノグラフィーを通して『2019年度日本語教育学会秋季大会予稿集』（pp.154–159）日本語教育学会.

中川篤，樫葉みつ子，柳瀬陽介（2019）．当事者研究が拓く，弱さを語るコミュニケーション ── 校内のコミュニケーションリーダーとなる英語教師を目指して．*Annual Review of English Language Education in Japan, 30*, 271–286.

中川篤，柳瀬陽介，樫葉みつ子（2019）．弱さを力に変えるコミュニケーション－関係性文化理論の観点から検討する当事者研究『言語文化教育研究』17, 110–125.

中川正臣（2020）．韓国語教育におけるインクルージョンをいかに実現していくか ── 当事者の語りを土台にした研究『ドイツ語教育』24, 22–26.

中川康弘（2018）．地域日本語教育支援のあり方を規定する動きに抗う『語りの地平 ── ライフストーリー研究』3, 3–23.

中西正司，上野千鶴子（2002）．『当事者主権』岩波新書.

長嶺倫子（2011）．言語教育において「自分史を書く」ことの意義 ── アイデンティティ

形成の視点から．細川英雄（編）『言語教育とアイデンティティ ── ことばの教育実践とその可能性』(pp.179–201) 春風社.

西研（2015）．人間科学と本質看取．小林隆児，西研（編）『人間科学におけるエヴィデンスとは何か ── 現象学と実践つなぐ』(pp.119–185) 新曜社.

フレイレ，P.（1979）．『被抑圧者の教育学』(小沢有作，楠原彰，柿沼秀雄，伊藤周，訳) 亜紀書房．(原典1970)

ホール，S.（2000）．誰がアイデンティティを必要とするのか？．S. ホール，P. ゲイ（編）『カルチュラル・アイデンティティの諸問題 ── 誰がアイデンティティを必要とするのか？』(宇波彰，監訳) 大村書店．(原典1996)

三代純平（2014）．日本語教育におけるライフストーリー研究の現在 ── その課題と可能性について『リテラシーズ』14, 1–10.

三代純平（2015）．「グローバル人材」になるということ ── モデル・ストーリーを内面化することのジレンマ．三代純平（編）『日本語教育学としてのライフストーリー ── 語りを聞き，書くということ』(pp.112–138) くろしお出版.

三代純平（2019a）．日本語教育におけるライフストーリー研究『語りの地平：ライフストーリー研究』4, 133–138.

三代純平（2019b）．越境を支えるビジネス日本語教育 ── ポスト・コミュニカティブ・アプローチの就職支援．佐藤慎司（編）『コミュニケーションとは何か ── ポスト・コミュニカティブ・アプローチ』(pp.175–202) くろしお出版.

三代純平，米徳信一（編）(2021)．『産学連携でつくる多文化共生 ── カシオとムサビがデザインする日本語教育』くろしお出版.

向谷地生良（2018）．自分自身で，共に ── 弱さを絆に，苦労を取り戻す．向谷地生良，浦河べてるの家『新安心して絶望できる人生 ── 「当事者研究」という世界』(pp.14–74) 一麦出版社.

湯浅恭正，新井英靖，吉田茂孝（編）(2019)．『よくわかるインクルーシブ教育』ミネルヴァ書房.

好井裕明（2010）．差別問題研究における2つの当事者性．宮内洋，好井裕明（編）(2010)．『〈当事者〉をめぐる社会学 ── 調査での出会いを通して』(pp.163–181) 北大路書房.

Canagarajah, S. (1996). From critical research practice to critical research reporting. *TESOL Quarterly, 30*, 321–331.

Casanova, C. P. (2012). Diary of a dabbler: ecological influences on an EFL teacher's efforts to study japanese informally. *TESOL Quarterly, 46*, 642–670.

Chang, H., Ngunjiri, F. W., & Hernandez, K. C. (2013). *Collaborative autoethnography*. Routledge.

Early, M. & Norton, B. (2013). Narrative inquiry in second language teacher education in rural Uganda. In G. Barkhuizen (Ed.), *Narrative research in applied linguistics* (pp.132–151) Cambridge University Press.

Ellis, C. (1995). *Final negotiations: A story of love, loss, and chronic illness*. Temple University Press.

Ellis, C. (2009). *Revision: Autoethnographic reflections on life and work*. Left Coast Press.

Norton, B. (2000). *Identity and language learning: Gender, ethnicity and educational change*. Pearson Education Limited.

Pavlenko, A. (2007). Autobiographic narratives as data in applied linguistics. *Applied Linguistics, 28*(2), 163–188.

Simon–Maeda, A. (2011). *Being and becoming a speaker of Japanese: An autoethnographic account*. Multilingual Matters.

Toyosaki, S., & Pensoneau–Conway, S. L. (2013). Autoethnography as a praxis of ocial justice. In S. H. Jones, T. E. Adams, & C. Ellis (Eds.), *Handbook of Autoethnography* (pp.557–575). Left Coast Press.

Zimmerman, M., & Rappaport, J. (1988). Citizen participation, perceived control and psychological empowerment. *American Journal of Community Psychology, 16,* 725–750.

4章

対話と協働構築のナラティブ

嶋津百代

1 「ナラティブ」研究の目的と意義

　2章と3章で取り上げた研究の多くは「ナラティブ探究」と呼ばれるものです。すでに1章でも触れられていますが、ナラティブ探究は、インタビューなどの方法によって語り手本人の人生や経験が語られたもので、応用言語学や言語教育においても研究のアプローチの一つとして定着してきました。一方、ことばに関する分野においてナラティブ探究が注目される以前から、言語学や社会言語学、社会学や人類学や心理学などの研究領域において「ナラティブ」そのものが研究され、さまざまな言語のナラティブの言語的側面や社会的・文化的側面、心理的・認知的側面の特徴が明らかにされてきました。

　この章では、後者の「ナラティブ」を取り上げます。この「ナラティブ」は「ストーリー」と呼ばれることもあります。また、ナラティブ/ストーリーを語る行為を「**ストーリーテリング**」と呼びます。ナラティブ探究は語りの内容そのものに着目する傾向がありますが（Thornborrow, 2011）、本章で扱うナラティブ研究は、ナラティブの語られ方や文脈の考察に主軸を置いています。これらのナラティブ研究は、**ディスコース分析**の関連分野で発展してきたもので、何らかのコミュニケーションの目的を達成するために語られたナラティブを扱います。自分自身の経験や過去の出来事の話（Labov & Waletzky, 1967/1997; Labov, 1972）はもちろんのこと、現在の日常生活のさまざまな場面で語られるささいな話（**スモール・ストーリー**, small story; Bamberg & Georgakopoulou, 2008）や、将来の計画や仮定的な出来事の話（Georgakopoulou, 2002）なども分析の対象となります。

　ナラティブ研究が共通して前提にしているのが、私たちの日常生活は数々

のナラティブに満ち溢れているという点です。そして、私たちの経験や人間関係、**アイデンティティ**や社会的役割、そして権力や権威も、ナラティブという形式を通してダイナミックに形成されるという観点に立ちます（De Fina & Georgakopoulou, 2012）。最近のナラティブ研究の多くは、語り手の経験や過去の出来事が言語化されたテクストとしてナラティブを分析するのではなく、語り手と聞き手の「**協働構築**（co-construction）」（Jacoby & Ochs, 1995）によって意味づけされた、社会的実践のディスコースとしてナラティブを分析します。ナラティブが協働的に構築され意味づけられていくのは、語り手と聞き手の**相互行為**を通してです。また、語り手と聞き手の相互行為がナラティブそのものを構成していると考えます（De Fina & Georgakopoulou, 2012）。

　本章では、この「相互行為」を「**対話**」とほぼ同義語であるとし、以下のように捉えます。対話は、話し手と聞き手によって協働的に進められる発話の連鎖です（Bakhtin, 1986; Linell, 1998）。対話は、「話し手と聞き手が互いの視点を擦り合わせ、重ね合い、また、その違いを認識しつつ、話し手と聞き手にとっての新たな意味を創り出していく過程」であり、そのようにして「創り出される意味を話し手と聞き手が共有していく過程」（嶋津, 2015, p.48）です。

　こうした対話の概念に基づいて、本章では、ナラティブの構築を捉えていきます。対話を通して、語り手は、聞き手がナラティブの内容やポイントを理解できるように工夫を凝らし、ナラティブを展開していく必要があります。聞き手も、語り手のナラティブを理解するために、語り手と積極的に交渉し、その解釈を共有しながらナラティブの構築に貢献することになります。そして、語り手と聞き手は互いが理解しているという確信を得るまで、理解に必要なことば探しを続けます（Clark, 1996）。

　この対話の過程では、語り手と聞き手双方による「**ことばの提示と理解と応答**」（嶋津, 2015, p.50）が鍵になります。ナラティブの理解を巡り、語り手と聞き手がそれぞれどのようなリソースを選択し使用しているか、それらがナラティブの構築にどのように機能しているかを観察すること、これが、ディスコースとしてのナラティブを研究することの目的だと言えます。そして、語り手と聞き手がいかにしてナラティブの構築に働きかけているかを明らかにすることは、先述のように、私たちの経験や人間関係、アイデンティティや社会的役割、権力や権威の形成を理解することにつながり、それこそ

が、本章で取り上げるナラティブ研究の意義だと考えます。

2 ナラティブ研究の軌跡

それでは、ナラティブ研究のこれまでの軌跡を簡単に辿ってみます。ここでは、社会言語学的視点やディスコース分析の観点、**会話分析**の枠組みから考察されてきたナラティブの先行研究を取り上げます。

(1) 社会言語学におけるナラティブ研究 —— 構造を捉える

言語学やコミュニケーション関連の学問分野に影響を与え、現在もなお多くのナラティブ研究に援用されているのが、ラボフとワレツキー（Labov & Waletzky, 1967/1997）とラボフ（Labov, 1972）が提示した**ナラティブ構造のモデル**（以下、ラボビアン・モデル）です。ラボフらは、社会言語学的見地から階級や人種などの語り手の属性とナラティブの相関関係を検証するために、ナラティブを分析するための理論的枠組みを見出しました。そして、語り手の個人的な経験は、ある特定の構造で再現されることで意味あるものになると考えました。具体的に言えば、ナラティブの主要な構成要素が、過去の出来事が起こった時間軸に沿って描写されると、ナラティブの筋や内容が一貫性をもつとしました。それらの構成要素を、ラボフ（Labov, 1972）から引用します。

①概要（abstract）：ナラティブの要約
②方向づけ（orientation）：時間、場所、登場人物、状況や活動の説明
③行為説明（complicating action）：実際に起こった出来事の詳細
④評価（evaluation）：出来事に対する、語り手の考えや感情、態度の表示
⑤結果（result or resolution）：最後に何が起こったかについての説明
⑥終結（coda）：ナラティブの世界から語りがおこなわれている現実への戻り

（Labov, 1972, p.363 参照, 筆者訳）

ラボフらの研究の功績の一つは、ナラティブ研究の領域を、当時主流であった文学作品などのテクスト分析から、普通の人々が使う日常のことばをディスコース分析の対象に拡げたことです。しかし、ナラティブ構造の枠組

みとして提示されたラボビアン・モデルは、ナラティブが構築される過程における聞き手の役割に注目していないことが指摘されるようになります。ラボフらが分析したナラティブはインタビューによって引き出されたものです。それとは異なり、日常の自然会話に現れるナラティブの場合、語り手と聞き手の双方向的なやり取りが起こるため、聞き手の反応も十分考慮して分析されるべきだという議論につながっていきます。

（2） ディスコース分析の視点からのナラティブ研究 ── 機能を探る

　ディスコース分析の視点から捉えるナラティブの研究では、インタビューによって収集されたナラティブではなく、自然会話に現れるナラティブを分析対象とします。なかでも、ラボビアン・モデルに影響を受けたディスコース分析のナラティブ研究は、ラボフらが示したナラティブの基本的な概念を踏襲し、ある言語の語り手の経験がナラティブという形式にどのように再現され、どのようにディスコースとして機能しているかを検討するようになります。特に、ナラティブの文化的な文脈に着目した研究（Polanyi, 1985）や、ナラティブの異文化間の相違を扱う研究（Gee, 1991; Minami, 2002）は、ラボフらが提示した英語の（正確に言えば、アフリカ系アメリカ人の英語の）ナラティブ構造を、分析の枠組みとして援用しています。

　また、ディスコース分析の視点からのナラティブ研究は、日常生活のさまざまな場面での言語活動においてナラティブがどのような機能をもっているかを探ります。会話のなかで自発的に生じるナラティブは、何らかの目的を達成するための手段として機能することがあります。たとえば、ナラティブを通して社会文化的な規範を親が子どもに指導したり（Minami, 2002）、家族や友人などと経験を共有してラポールや関係性を築いたりする（Mandelbaum, 2003）など、ナラティブがもつ機能が明らかにされています。

　このようなディスコース研究で扱われたナラティブは、「**会話におけるナラティブ／ストーリーテリング**」（Norrick, 2000; Ochs & Capps, 2001）と呼ばれます。会話中、ある参加者がナラティブを語り始めると、その人はナラティブの語り手になり、ほかの参加者は語り手のナラティブに耳を傾ける聞き手になります。そして、そこで語られるナラティブは、語り手と聞き手の相互行為の達成によって構築され（Ochs & Capps, 2001）、その場で進行している会話のな

かに埋め込まれながら展開していくことになります。このような観点からストーリーテリングを捉えると、ストーリーテリングの観察においては、語り手だけではなく、聞き手の行為がストーリーテリングに与える影響にも留意しなければなりません。語り手がナラティブを語っている最中に挿し込まれる聞き手のナラティブの内容に関する質問や明確化要求、語り手の考えに対する感想や意見などは、ナラティブの内容だけでなく、ストーリーテリングの構造にも影響を与えると考えられるようになります。

(3) 会話分析の手法によるストーリーテリング研究 —— 過程を観察する

　会話中に現れるナラティブを取り上げた研究には、会話分析（Conversation Analysis）の手法を用いてナラティブを分析したものが多くあります。会話分析の手法を採るナラティブ研究は、語り手の経験が、会話の参加者とのやり取りを通して、相互行為的に組織化され共有されていく過程を観察します。会話分析は、参加者各々の発話が「今、ここ」に「どのように、なぜ」生起しているのかに注目し、それらの発話の連鎖上の位置を重視します。そのため、ある参加者が会話の途中でどのようにナラティブを開始し、ほかの参加者がナラティブにどのように関与していくか、そしてどのようにナラティブを終了させるか、その過程を記述します。このようにして、会話で生じるストーリーテリングの体系的な様相や、会話の参加者によるストーリーテリングへの参加の仕方などが明らかにされています（Goodwin, 1986; Jefferson, 1987; Sacks, 1995）。

　会話分析の手法を採るストーリーテリング研究は、会話の参加者による協働的な働きかけの結果として、ナラティブは特定の相互行為の文脈に立ち現れるものとみます。このような「**相互行為におけるトーク**（talk-in-interaction）」としてのナラティブの考え方は、厳密な会話分析の手法を採らないディスコース分析のナラティブ研究にも援用されています（Georgakopolou, 2007）。それらの研究には、ストーリーテリングを通して参加者のアイデンティティや社会的役割がその場の会話や文脈においてどのように創発し共有されていくかを考察したもの（De Fina, Schiffrin & Bamberg, 2006）や、**制度的場面**（institutional setting）でストーリーテリングによって組織化される参加の構造を微視的に観察したもの（Heritage & Clayman, 2010）などがあります。

3 対話におけるナラティブの協働構築に関する理論的な考察

ここで、語り手と聞き手の間の対話を通してナラティブがどのように協働的に構築されていくのか、その様相を理論的に説明します。

会話中にある参加者によってナラティブが開始されると、その場で進行しているほかの参加者とのやり取りに埋め込まれていきます。このようにして展開していくストーリーテリングは、「語られる世界（narrated world）」と「語りの世界（narrating world）」（Bauman, 1986; Chafe, 1980; Young, 1987）で成り立っています。「語られる世界」とは、語り手の経験や過去の出来事が実際に起こったとされる「あの時、あの場所」が描写される領域で、ナラティブの物語世界を意味します。「語りの世界」とは、語り手と聞き手が、そのような物語世界を「今、ここ」で共有しようとする領域で、相互行為が起こっているその場の現実世界のことです。語り手と聞き手は、この二つの領域を行き来しながら対話を深化させ、ナラティブを構築していきます。

語り手と聞き手が「語られる世界」と「語りの世界」の領域を行き来するのは、「語り手が経験を語り、聞き手がそれを理解する」といった「対話のなかで対話を通して構築されるナラティブ」の基本的な構図だからです。この枠組みのなかでは、聞き手はナラティブ構築に関与する役割を担っています。そして、聞き手がナラティブの内容をいかに理解するかが、ナラティブの展開に影響を与える重要な要因となります（Gee, 1991; Norrick, 2000; Polanyi, 1985）。たとえば、ノリック（Norrick, 2000）は、聞き手が語り手のナラティブを理解することがナラティブ構築の到達点であると考え、語り手と聞き手によってナラティブの内容の理解がどのように達成されるかを検討しています。語り手は過去の経験を言語化し、その場で利用可能なリソースを駆使しながらナラティブを展開し、聞き手が理解しているかどうかを適宜確認します。聞き手は、語り手が語るナラティブの筋を追いながら、ナラティブのポイントを確認しつつ、その内容を理解しようと努めます。

さらに言えば、語り手が聞き手にナラティブを理解させるには、聞き手の視点をナラティブに取り込み、それを聞き手に提示する必要があります。聞き手も、語り手の視点と自分の視点を擦り合わせ、語り手が言わんとする意

味を理解し、また理解していることを示すことによって、応答する必要があります。これが冒頭で述べた、対話を深める「ことばの提示と理解と応答」です。対話における語り手と聞き手の間に相互の「理解と応答」が成立するためには、双方が理解し合っているということだけでなく、同時に「理解し合っている」ということを互いに表明し合う相互行為がおこなわれなければならないということです。

　先述のように、会話分析の手法を採る研究をはじめとして、相互行為における語りとしてナラティブを捉える研究では、語り手だけでなく、ナラティブの構築に影響を与える聞き手も含め、会話の参加者によってナラティブは協働的に構築されるという立場を取ります（De Fina & Georgakopoulou, 2015）。聞き手はナラティブの「**共著者**（co-author）」として、ナラティブの構築に積極的に関与していく存在として捉えられます（Duranti, 1986; Ochs, 1997）。

　聞き手がナラティブの共著者としてナラティブ構築に参加するということは、ナラティブの「**著者性**（authorship）」にも関与するということになります。本来であれば、ある出来事を実際に体験した者だけがナラティブを創造できるという権利である「著者性」が、語り手だけでなく、聞き手にも与えられます。聞き手は、ナラティブの共著者として、ナラティブの内容やポイントを明確にするために質問したり、評価やコメントを与えたり、異論を唱えたりしながら、ナラティブの構築に関わっていきます。

　また、聞き手は「**共同語り手**（co-teller）」として、語り手とともにナラティブを展開していくこともあります（De Fina & Georgakopoulou, 2015）。たとえば、多人数での会話の場合、参加者のなかには、語り手のナラティブを以前に聞いたことがある人がいるかもしれません。多人数会話における複数の聞き手の参加の役割を分析したグッドウィン（Goodwin, 1986）は、そこで語られている出来事に関する知識を共有していない聞き手と、そうした知識を共有している聞き手の間で、語り手がどのように参加の構造を組織していくかを提示しています。以前に語り手の話を聞いたことがある聞き手、あるいは語り手の経験を共有している聞き手は、参加の構造に対して影響力をもちます。たとえば、ナラティブの内容をすでに知っている聞き手は、共同語り手としてストーリーテリングに参加することができます。語り手は、この聞き手にナラティブの内容や描写が正しいか、適切かどうかをその場で確認することも

あり、その場合、聞き手は語り手の描写を引き継ぎ、ナラティブの共著者としてナラティブを展開していくことがあります。

4 対話を深化させるナラティブ・ストラテジー

3節で説明したように、ストーリーテリングを成り立たせている領域には、「語られる世界」と「語りの世界」があります。この二つの領域において、語り手と聞き手が、ナラティブ構築に関わる「ことばの提示と理解と応答」の目的のために用いるリソースを「ナラティブ・ストラテジー」と呼ぶことにします。

ナラティブが展開していく過程で「ことばの提示と理解と応答」が繰り返され、語り手と聞き手の間の対話が深まっていきます。そのために用いられるリソースが、ナラティブ・ストラテジーです。それでは、これまでのナラティブ研究を参照しながら、このナラティブ・ストラテジーの具体的な例を紹介していきます。

(1)「語られる世界」において語り手が操るナラティブ・ストラテジー

先述のように、「語られる世界」とは、語り手の経験や過去の出来事が実際に起こったとされる「あの時、あの場所」が描かれるナラティブの物語世界のことです。この「語られる世界」が、従来ナラティブと捉えられ、ラボビアン・モデルが分析の対象としてきました。

「語られる世界」を描いたナラティブの構成要素のなかで、ラボフ（Labov, 1972）が特に重要視したのが、「評価」です。評価は経験や出来事に対する語り手自身の考えや感情や態度の表現であり、ナラティブ全体を通していつでもどこでも挿入可能な構成要素です。語り手の評価によって、そこで語られている経験や出来事がいかに興味深いものであるかが示され、また、ナラティブのポイントやオチが明確になります。

ラボフは、この語り手の評価が「**評価装置**」という言語的・パラ言語的表現手段で表現されると述べています。たとえば、声量や口調の変化、イントネーションや語彙の強調、繰り返しや直接引用、歴史的現在形の使用などが挙げられています。これらの評価装置を通して、ナラティブの内容に対す

る語り手の考えや態度や感情が表現されます。ポラニー（Polanyi, 1985）は、評価装置を、語り手が強調したい箇所で意図的に用いるストラテジーとして扱っています。評価装置を用いて、語り手はナラティブに意味づけすることができ、評価装置によって、聞き手はナラティブのポイントが理解しやすくなります。

　ディスコース分析の研究で、タネン（Tannen, 1989）が、会話参加者の心理的状態が観察できる言語現象として「**関わりのストラテジー**（involvement strategy)」を紹介しています。関わりのストラテジーには、評価装置と同様、繰り返しや直接引用[1] が含まれます。ノリック（Norrick, 2000）はこれらを、語り手がナラティブに用いるストラテジーとして挙げ、過去の経験や出来事に対する語り手自身の考えや感情や態度をナラティブに反映させる方法として捉えています。

　会話分析研究でも、語り手は聞き手がナラティブを理解できるように、自分の発話を調整していくとし、語り手がナラティブの描写に用いるストラテジーを説明しています。サックス（Sacks, 1995）によれば、語り手は自分のナラティブの内容に関する知識を聞き手がすでにどの程度共有しているか、あるいは、ナラティブの内容を理解するにはどの程度共有する必要があるか、また聞き手がどのように反応するかを判断しながら語ります。

　その際、「**描写語句**（descriptor)」と呼ばれることばが、ナラティブの時間や場所、登場人物や状況の描写に用いられることがあります。たとえば、ナラティブの時間に関して、語り手が「大学1年生のとき」ということばを用いたとします。語り手は、2020年からみて「5年前」、あるいは西暦で「2015年」といったことばを用いて表現することも可能です。しかし、「大学1年生のとき」という表現を用いたのは、ナラティブを展開するにあたって、聞き手が理解するのに適切であると、語り手が判断したためだと考えます。このような描写語句の選択においては、「大学1年生のとき」ということばが与える意味が、語り手と聞き手の間で共有されていることも前提となります。このようにして語り手に選択され使用された描写語句は、聞き手が語り手のナラティブの断片をつなぎ合わせ理解する助けとなります。

（2）「語りの世界」を豊かにする聞き手のナラティブ・ストラテジー

「語られる世界」の領域では「あの時、あの場所」の物語世界が描写される一方、「語りの世界」は、語り手と聞き手がその物語世界を「今、ここ」で共有し、協働的にナラティブを展開し構築していこうとする領域です。この「語りの世界」が存在するのは、語り手と聞き手の相互行為が起こるからであり、そこに、ナラティブが創造されていく動的な側面が観察できます。しかしながら、語り手の行為や役割に比べて、聞き手の行為や役割については十分に検討されてきませんでした（Goodwin & Goodwin, 2004）。

語り手が聞き手にナラティブを理解させるよう、ストラテジーを用いながらことばを調整していく一方、聞き手も語り手のナラティブに対する自身の解釈を提示しながら、ナラティブ構築に関与していきます。語り手が伝えようとしている意味を聞き手が理解してはじめて、それが聞き手にとっても意味をもつものとなります。そのため、聞き手も語り手のナラティブを理解するために、また、理解していることを示すために、ナラティブ構築に積極的に参加することになります。

では、聞き手は、語り手のナラティブを理解していることをどのように示すのでしょうか。クラークとシェーファー（Clark & Schaefer, 1989）が提示した五つの「聞き手の理解の証拠」を紹介します。

> ① 注目の継続：語り手の話に注目していることを示す
> ② 適切な貢献：語り手の話に適切に貢献していくという意思を示す
> ③ 承認：あいづちなどによって、語り手に話を続けさせる
> ④ デモンストレーション：語り手が何を意味しているか理解したことを表明する
> ⑤ 呈示：語り手の発話の全体あるいは一部をそのまま表現できる
>
> （Clark & Schaefer, 1989, p.267 参照, 筆者訳）

「注目の継続」は、聞き手が語り手の話に注目していることを示すため、語り手に「視線を向ける」ことです。「適切な貢献」というのは、聞き手が語り手の話に貢献していくという意思を示すことです。つまり、聞き手が語

り手との対話への参加準備ができているということを意味します。「承認」は、あいづちなど、語り手に話を続けさせるものです。「デモンストレーション」は、語り手の発話を理解したことを表明することです。「呈示」は、語り手の発話の全体あるいは一部を表現できることで、語り手の発話の繰り返しや言い換えなどが挙げられます。

　このような聞き手の行為を、グッドウィン（Goodwin, 1986）は以下のように説明しています。

　　①聞いているストーリーを分析すること
　　②ある特定のやり方でストーリーに関与していくこと
　　③ストーリーが創造する行動のフィールドに参加すること

（Goodwin, 1986, p.297, 筆者訳）

　こうした行為を遂行していくために、聞き手は、語り手のナラティブに対する考えや意見を表現する**アセスメント**（評価表現）（Goodwin & Goodwin, 1992）を与えます（Goodwin, 1984）。聞き手のストーリーテリングへの関与は、聞き手の理解を示す応答として、うなずきやあいづち、笑い、語り手の発話の繰り返しや言い換えなどに反映され、語り手とともにナラティブを展開していきます（Clark & Schaefer, 1989; Polanyi, 1985）。

　このように、語り手と聞き手が用いるさまざまな言語的・非言語的なリソースは、語り手と聞き手がそこで何が語られているかを理解するために、互いの発話を調整していくストラテジーとなります。語り手が「語られる世界」でストラテジーを用いたとすれば、聞き手も語り手のストラテジー使用によって伝えられていることの意味に気づかなければなりません。聞き手はその意味の理解に努め、自分の判断が正しいかどうか確認するために、語り手を「語りの世界」へ誘います。語り手と聞き手が用いるストラテジーに注目することによって、ナラティブは「語られる世界」と「語りの世界」を行き来する語り手と聞き手の発話の連鎖から成り立っていることが、より具体的にわかります。そして、そのようなストラテジーの使用が、語り手と聞き手の対話をより豊かに深めていくと捉えてよいでしょう。

5 対話を通して実現されるナラティブの研究テーマ

　では、語り手と聞き手の対話を通して協働的に構築されるナラティブを分析することで、何が観察でき、何が明らかになるかを検討します。最近の社会言語学的・ディスコース分析の視点からのナラティブ研究が注目しているテーマとして、ここでは、(1) **アイデンティティ**の呈示と構築、(2) 権力や権威の形成を取り上げます。

(1) ナラティブにおけるアイデンティティの呈示と構築

　アイデンティティについては、研究分野によって理論的背景が異なるため、その定義づけや特徴づけは容易ではありません。2章や3章でもアイデンティティに言及していますが、アイデンティティをどの観点から捉え、どの方法で考察するかによって、アイデンティティを巡る議論が異なります。デフィーナ（De Fina, 2015）によれば、ナラティブを用いてアイデンティティを分析する方法には、大きく分けて「**伝記的なアプローチ**」と「**相互行為的なアプローチ**」があります。

　伝記的なアプローチは、自分のライフストーリーを語ることを通してアイデンティティが形成されたり更新されたりすると考えます。また、ライフストーリーを語る過程自体が、アイデンティティに肯定的な効果をもたらすと捉え、認知的・心理学的にも重要な意味をもつとしています。

　一方、相互行為的なアプローチは、語り手と聞き手の相互行為を通じて、アイデンティティがその場で呈示されたり構築されたりする過程そのものに着目します（De Fina & Georgakopoulou, 2012）。ある文脈において、語り手と聞き手が特定のアイデンティティを交渉したり、形成したり、再構成したりする過程を明らかにします。アイデンティティは、個人の内面にとどまるものではなく、他者との相互行為において観察が可能だと考えます。

　本章で取り上げてきたナラティブ研究の多くは、この「相互行為的なアプローチ」から、アイデンティティの考察に取り組みます。他者との相互行為を通してアイデンティティが呈示されたり構築されたりすると捉え、アイデ

ンティティは、会話の参加者の具体的な行為において具現化されるものとします。

　では、語り手と聞き手の相互行為において、ナラティブが展開されていく過程で、アイデンティティはどのように具現化されるかを説明します。

　従来の社会言語学研究やディスコース分析の研究では、アイデンティティを考察するのに「**指標性**（indexicality）」（Ochs, 1992; Silverstein, 1976）の概念が理論的な枠組みとして用いられてきました。指標性とは、ある種の言語的な特徴が、特定の社会的文脈を指し示すという考え方です。会話において、話者によって選択された音声やアクセント、語彙、談話構造やスピーチスタイルなどが、話者のアイデンティティと関連づけられます。

　ラボフらの社会言語学的ナラティブ分析や、ラボビアン・モデルに続くディスコース分析の研究では、語り手のアイデンティティがナラティブのなかでどのように呈示されるか、指標性の観点から考察されることが多くありました。ナラティブを語る際に、ある言語的な特徴を選択し使用することで、たとえば、人種や民族、ジェンダーによって定義づけられたグループやコミュニティに属していることが示されます。このような指標性は、ナラティブが展開していく過程で、語り手によって明示的におこなわれます。

　ラボフらの研究に代表されるようなインタビューで引き出された比較的長い「ビッグ・ストーリー」とは異なり、冒頭で触れた「**スモール・ストーリー**」という、日常会話にみられる断片的で小単位のナラティブの分析に導入されるようになったのが、「**ポジショニング**（positioning）」の概念です。日常の社会的実践に繰り返し現れるスモール・ストーリーは、アイデンティティの研究に有効であるとされ、分析にあたってはこのポジショニングの概念が重要であるといいます。ポジショニングの考え方では、相互行為における語り手と聞き手の関係性を、静的で固定的な役割から捉えるのではなく、より動的で流動的な「ポジション」という立ち位置から捉えます。

　バンバーグ（Bamberg, 1997, 2004）によれば、相互行為を通して呈示されたり構築されたりする、語り手と聞き手のアイデンティティは、語り手と聞き手のポジションがどのように表出されているかを探ることで明らかになります。具体的に言えば、ストーリーテリングの過程で、語り手はナラティブの登場人物や状況の描写に、社会に対する意識や態度、自分自身の立ち位置を反映

させます。そうすることによって、聞き手に、自分をどのように見てもらいたいかを示しているわけです。

　同様の考え方に、会話分析研究でよく用いられる「**成員カテゴリー化分析**（membership categorization analysis）」があります。成員カテゴリーとは、会話の参加者のアイデンティティを特徴づけるのに用いられる属性で、年齢やジェンダー、人種や民族、社会的地位や立場、職業などのことです。これは、サックス（Sacks, 1995）が「**成員カテゴリー化装置**（membership categorization device）」という概念として提唱した後、会話分析者によって発展してきたアイデンティティを分析する方法の一つです。成員カテゴリー化分析では、それらの属性がナラティブの語り方などに影響を与えると仮定するのではなく、アイデンティティは常に、その場の（ローカルなレベルの）相互行為において実践され交渉されるものと捉えます。成員カテゴリーは所与のものでも固定化されたものでもなく、相互行為を通して示され、動的に変化するものです。そして、先述のポジショニングと同様、語り手や聞き手が、それらのカテゴリーをどのように理解しているかが分析の視点となります。

　ストコー（Stokoe, 2012）は、成員カテゴリー化分析では、会話の参加者が「自分は何者であるか」をどのように呈示しているかを観察するだけではなく、ある具体的な社会的活動を達成するために、ジェンダーや職業などの特定のアイデンティティ・カテゴリーを志向していることに注目するよう強調しています。私たちは誰でも、「女性」や「妻」や「母親」や「教師」など、いくつもの成員カテゴリーをもっています。会話に参加していくなかでどの成員カテゴリーを志向するかを決定し、文脈に応じていずれかの成員カテゴリーを表明しています。このようにして、ナラティブのなかで、また語ることを通して、アイデンティティは、他者と関わりながら相互行為的に呈示されたり構築されたりします。

（2）ナラティブ構築の過程での権力や権威の形成

　最近のナラティブ研究のもう一つのテーマとして、権力と権威を取り上げます。会話の参加者の間の権力構造や言説に根づくイデオロギーについての考察は、これまで「**批判的談話分析**（critical discourse analysis）」の分野で研究が積み重ねられてきました（Fairclough, 1992 など）。また、会話分析研究において

も、特に制度的な場面や文脈を扱ったもので、特定の役割を担う会話の参加者によって、活動の目的を達成するためのやり取りや参加の組織化がいかにおこなわれているかが明らかにされてきました（Heritage & Clayman, 2010）。

　こうした制度的な場面のやり取りに生じるナラティブの研究では、**制度性**を示唆する特定の言語使用や相互行為がもたらす権力や権威の形成の様相が検討されています。たとえば、法廷裁判における検事や被告、弁護士や証人のやり取り（Harris, 2001）、警察官による容疑者への事情聴取（Johnson, 2008）、就職活動における面接（Roberts, 2011）などの研究が挙げられます。

　3で説明したように、ナラティブは対話を通して協働的に構築されるという考え方では、ナラティブの著者性をもつ語り手だけでなく、ナラティブの共著者や共同語り手としての聞き手のナラティブ構築への積極的な関与が認められます。しかし、制度的な場面での活動によっては、参加者のやり取りが制限されたり、ナラティブの語り方や会話の参加の仕方も制御されたりすることがあります。

　このような文脈でのナラティブの分析には、誰がナラティブを「**語る権利**」をもっているかという視点が重要です。制度的な場面での活動のほとんどは、権力を用いることができる立場にいる人が、ナラティブを語る権利をもっています。そして、自分たちのナラティブが出来事や状況について信頼できる描写であることを主張することによって、自分たちを正当化することがあります。このような非対称的な役割や社会的地位が観察される場面では、一方の当事者が他方の当事者のストーリーテリングに介入したり、また、権力者に都合のよいナラティブを語るよう誘導したりすることもあります。このようにして、ナラティブを通して権力関係が確立したり、構造化されたりします。また、制度的な場面では、知識の非対称性も権力や権威の形成に有利に働きます。制度的な権威を指標とする方法として、権力のある立場にある人だけがアクセスできるような特定の知識の領域に属する専門的な語彙や表現を、ナラティブに使用したりします。

　ここまで、会話の参加者や、語り手と聞き手がナラティブを協働的に構築することを説明してきました。ナラティブは協働的に構築されるからこそ、私たちはナラティブを通して権力を生み出したり、支配を行使したり、そして意図せずとも、社会的不平等に加担したりする可能性もあります。私たち

の社会生活のさまざまな領域で、ナラティブがどのように用いられているか
を観察すると、ナラティブがいかに個人や集団の生活に大きな影響をもたら
しているかがわかります。ナラティブは、私たちの現実を形成し、再生産す
る力をもつツールになり得るということも理解しておきたい点です。

6　ナラティブ研究の言語教育に対する示唆

　本章で取り上げてきたのは、私たちの日常生活のさまざまな場面にあふれ
ているナラティブです。朝起きてから夜眠りにつくまで、私たちはストー
リーを語り、ストーリーを聞いています。私たちの経験は、ことばによって
構成されていて、ことばを介して意味づけされるものですが、ナラティブを
語り聴くことは、私たちの経験にさらに意味を与えてくれます。

　私たちの生活は、ナラティブ研究の宝庫です。ナラティブを研究すること
は、教師や学習者である私たちが他者とともに経験している現実や人生を理
解することであると言えるでしょう。

　そこで最後に、ナラティブ研究の言語教育に対する示唆の可能性について
考えてみたいと思います。

　日本語で語られたナラティブについては、これまで、さまざまな切り口で
研究されてきました（定延, 2018；佐藤, 秦, 2013）。日本語教育であれば、こ
のような日本語のナラティブ研究（厳密に言えば、日本語母語話者による日本語の
ナラティブ研究）で明らかにされてきたナラティブの特徴やストーリーテリン
グのあり方を基にして、学習者がナラティブを語るのに必要とされる言語形
式や言語表現の習得や指導に焦点が当てられてきました（中井, 2015）。しか
しながら、日本語教育という枠のなかで、本章で取り上げた「対話のなかで
対話を通して構築されていくナラティブ」の様相を考察した研究は未だ数多
くありません（嶋津, 2015）。

　本書が目指すナラティブ・アプローチの観点から言えば、「言語学習者は
どのようにナラティブを語り聴くか」に注目して、言語学習者がその場にお
いて利用可能なナラティブ・ストラテジーをいかに駆使しているかを観察し
た研究が求められます。そして、そのような「学習者による学習者のための」
ナラティブ研究から、これからの言語教育に対する示唆が得られるのだろう

と考えています。

注

1) タネン（Tannen, 1989）では「**創作対話**（constructed dialogue）」として定義し直されて
います。

文　献

イェルガコポロ，A.（2011/2013）．ナラティブ分析（佐藤彰，秦かおり，岡本多香子，訳）．
佐藤彰，秦かおり（編）．（2013）．『ナラティブ研究の最前線 —— 人は語ることで何を
なすのか』（pp.1–42）ひつじ書房.

佐藤彰，秦かおり（編）（2013）．『ナラティブ研究の最前線 —— 人は語ることで何をなす
のか』ひつじ書房.

定延利之（編）（2018）．『限界芸術「面白い話」による音声言語・オラリティの研究』ひつ
じ書房.

嶋津百代（2015）．『第二言語リテラシーとストーリーテリング活動 —— 次世代の日本語学
習者のコミュニケーションのために』J & C.

中井陽子（2005）．談話分析の視点を生かした会話授業．『日本語教育』126，94–103.

Bakhtin, M. M. (1986). *Speech genres and other late essays.* University of Texas Press.

Bamberg, M. (1997). Positioning between structure and performance. *Journal of Narrative and Life
History, 7,* 335–342.

Bamberg, M. (2004). Considering counter narratives. In M. Bamberg & M. Andrews (Eds.),
Considering counter narratives: Narrating, resisting, making sense (pp.351–371). John
Benjamins.

Bamberg, M., & Georgakopoulou, A. (2008). Small stories as a new perspective in narrative and
identity analysis. *Text & Talk, 28*(3), 377–396.

Bauman, R. (1986). *Story, performance, and event.* Cambridge University Press.

Chafe, W. L. (1980). The deployment of consciousness in the production of a narrative. In W. L.
Chafe (Ed.), *The pear stories: Cognitive, cultural and linguistic aspects of narrative production*
(pp.9–50). Ablex.

Clark, H. H. (1996). *Using language.* Cambridge University Press.

Clark, H. H., & Schaefer, E. F. (1989). Contributing to discourse. *Cognitive science, 13,* 259–294.

De Fina, A. (2015). Narrative and Identities. In A. De Fina & A. Georgakopoulou (Eds.), *The
handbook of narrative analysis* (pp.351–368). Wiley Blackwell.

De Fina, A., & Georgakopoulou, A. (2012). *Analyzing narrative: Discourse and sociolinguistic
perspectives.* Cambridge University Press.

De Fina, A., & Georgakopoulou, A. (2015). Introduction. In A. De Fina & A. Georgakopoulou
(Eds.), *The handbook of narrative analysis* (pp.1–17). Wiley Blackwell.

De Fina, A., Schiffrin, D., & Bamberg, M. (Eds.) (2006). *Discourse and identity*. Cambridge University Press.

Duranti, A. (1986). The audience as co-author. *Text, 6*(3), 239–247.

Fairclough, N. (1992). *Discourse and social change*. Polity.

Gee, J. P. (1991). Memory and myth: A perspective on narrative. In A. McCabe & C. Peterson (Eds.), *Developing narrative structure* (pp.1–25). Lawrence Erlbaum Associates.

Georgakopoulou, A. (2002). Narrative and identity management: Discourse and social identities in a tale of tomorrow. *Research on Language and Social Interaction, 35*(4), 427–451.

Georgakopoulou, A. (2007). *Small stories, interaction and identities*. John Benjamins.

Goodwin, C. (1984). Notes on story structure and the organization of participation. In J. M. Atkinson & J. Heritage (Eds.), *Structures of social action: Studies in conversation analysis* (pp.225–246). Cambridge University Press.

Goodwin, C. (1986). Audience diversity, participation and interpretation. *Text, 6*(3), 283–316.

Goodwin, C., & Goodwin, M. H. (1992). Assessments and the construction of context. In A. Duranti & C. Goodwin (Eds.), *Rethinking context: Language as an interactive phenomenon* (pp.147–189). Cambridge University Press.

Goodwin, C., & Goodwin, M. H. (2004). Participation. In A. Duranti (Ed.), *A companion to linguistic anthropology* (pp.222–244). Blackwell.

Harris, S. (2001). Fragmented narratives and multiple tellers: Witness and defendant accounts in trials. *Discourse Studies, 3*(1), 53–74.

Heritage, J., & Clayman, S. (2010). *Talk in action: Identities, interaction and institutions*. Wiley Blackwell.

Jacoby, S., & Ochs, E. (1995). Co-construction: An introduction. *Research on Language and Social Interaction, 28*(3), 37–72.

Jefferson, G. (1978). Sequential aspects of storytelling in conversation. In J. Schenkein (Ed.), *Studies in the organization of conversational interaction* (pp.219–248). Academic Press.

Johnson, A. (2008). "From where we're sat..." : Negotiating narrative transformation through interaction in police interviews with suspects. *Text & Talk, 28*(3), 327–350.

Labov, W. (1972). *Language in the inner city: Studies in the Black English vernacular*. University of Pennsylvania Press.

Labov, W., & Waletzky, J. (1967). Narrative analysis: Oral versions of personal experience. In J. Helm (Ed.), *Essays on the Verbal and Visual Arts* (pp.12-44). American Ethnological Society. [Labov, W., & Waletzky, J. (1997). Narrative analysis: Oral versions of personal experience. *Journal of Narrative & Life History, 7*(1-4), 3-38. https://doi.org/10.1075/jnlh.7.02nar]

Linell, P. (1998). *Approaching dialogue: Talk, interaction and contexts in dialogical perspectives*. John Benjamins.

Mandelbaum, J. S. (2003). How to "do things" with narrative: A communication perspective on narrative skill. In J. O. Greene & B. R. Burleson (Eds.), *Handbook of communication and social interaction skills* (pp.595–633). Lawrence Erlbaum Associates.

Minami, M. (2002). *Culture-specific language styles: The development of oral narrative and literacy*. Multilingual Matters.

Norrick, N. R. (2000). *Conversational narrative: Storytelling in everyday talk*. John Benjamins.

Ochs, E. (1992). Indexing gender. In A. Duranti & C. Goodwin (Eds.), *Rethinking context: Language as an interactive phenomenon* (pp.335–358). Cambridge University Press.

Ochs, E. (1997). Narrative. In T. A. Van Dijk (Ed.), *Discourse as structure and process* (pp.185–207). Sage.

Ochs, E., & Capps, L. (2001). *Living narrative*. Harvard University Press.

Polanyi, L. (1985). *Telling the American story: A structural and cultural analysis of conversational storytelling*. Ablex.

Roberts, C. (2011). Gatekeeping discourse in employment interviews. In C. N. Candlin & S. Sarangi (Eds.), *Handbook of communication in organisations and professions* (pp.407–432). De Gruyter Mouton.

Sacks, H. (1995). *Lectures on conversation*. Basil Blackwell.

Silverstein, M. (1976). Shifters, linguistic categories, and cultural description. *Meaning in anthropology, 1*, 1–55.

Stokoe, E. (2012). Moving forward with membership categorization analysis: Methods for systematic analysis. *Discourse Studies, 14*(3), 277–303.

Tannen, D. (1989). *Talking voices: Repetition, dialogue, and imagery in conversational discourse*. Cambridge University Press.

Thornborrow, J. (2011). Narrative analysis. In J. P. Gee & M, Handford (Eds.), *Routledge handbook of discourse analysis* (pp.51–65). Routledge.

Young, K. G. (1987). *Taleworlds and storyrealms: The phenomenology of narrative*. Martinus Nijhoff.

5章 言語教育におけるナラティブの留意点と展望

北出慶子・三代純平・嶋津百代

第Ⅰ部では、言語教育におけるナラティブの意義をさまざまな角度からみてきました。第Ⅰ部でみてきたナラティブの意義や特徴を踏まえ、5章では、実際にナラティブを用いた研究を考えている方々に向けてナラティブに取り組む際に押さえておきたい点を紹介します。そして第Ⅰ部最後の章として、言語教育におけるナラティブの今後の展望について述べます。

1 ナラティブ研究を始めるにあたって

本書では、研究から教育実践までを幅広くナラティブ・アプローチとして捉え、第Ⅰ部では、そこに通底するナラティブという考え方について先行研究を概観しながら説明してきました。ナラティブに基づいた取り組みに関わるうえで、ナラティブとは何か、そして、ナラティブのもつ力とは何かを理解することは何よりも大切だと考えたからです。

一方、本書を手にとってくださった方のなかには、大学の卒業論文や大学院の研究などでナラティブを取り入れた研究に挑戦しようと考えている方も多いかもしれません。また、私たちも本書がそのような方がナラティブの世界に足を踏み入れる入り口になることを期待しています。ただし、研究としてナラティブに取り組むためには、もう少し準備が必要なのも事実です。そこで、5章では、これから研究をすすめる人へ向け、いくつか知っておいてほしいことを述べたいと思います。

2 研究法について学ぶ

第Ⅰ部でみてきたように一言にナラティブと言っても、その考え方や研究

は多岐にわたります。そのなかでも特に重要な考え方の違いと研究法の関係について確認したうえで、それぞれの研究に適切な研究法を選ぶことが欠かせません。

　まず、何を現実として捉えるかという**認識論**的立場の違いがあります。たとえば、歴史学で用いられてきたオーラル・ヒストリーのように客観的に起きた出来事を捉えていくことを目的とする語りの研究もあります。また、2章と3章で紹介したような臨床心理学や社会学における当事者の視点に光を当てた研究のように出来事や経験だけではなく、それについて本人がどのように意味づけし、捉えているかに重点を置くアプローチも普及しています。さらには、経験の語りの構造を見出し、それに対して文化的な違いを比較する社会言語学的な研究は、言語学においては最も歴史が古いナラティブ研究です。加えて、4章で述べたように友達同士の会話のやりとりのなかでどのようにお互いを位置づけ、ローカルなアイデンティティを創っていくのかというプロセスを見る談話分析も発展しています。これらの研究では、それぞれ起きた出来事の客観的事実、当事者の意味づけという事実、そして話者間でのやり取りの相互行為のなかで生まれる事実、というように何を事実とするかという研究の出発点（Pavlenko, 2007）が異なります。このような現実の捉え方の違いは、研究者自身が研究にどこまで関与したと捉え、研究者自身の研究を通した自己内省をどこまで研究に含めるのか、といった分析範疇や結果にも大きく影響してきます。また、ことばの役割に対する捉え方も多様です。ナラティブの研究においても、ことばは、情報伝達手段であると考える方法もあれば、ことばによって意味が生成され、人間関係が構築されると捉えるアプローチもあります。そして、多くの場合、個々の研究レベルではことばや現実の捉え方までは述べられていません。

　人の語りに注目した研究をする場合は、このように、現実やことばに対する捉え方の違いと研究法の関係性を理解することが鍵となります。たとえば、インタビューしたデータをどのように分析するかという点で、KJ法、修正版グラウンデッド・セオリー・アプローチ（M-GTA）、Steps for Coding And Theorization（SCAT）、ライフストーリー、複線径路等至性アプローチ（TEA）、エスノメソドロジー的会話分析（CA）、ポジショニング分析、など多数の研究法が並んでいます。たまたま耳にした手法だからという理由だけではなく、

それぞれの研究法が開発された目的、背景、何を現実と捉えているかを理解したうえで個々の研究課題や目的に合った用途で適切に用いることをお薦めします。特に、ほとんどが実証主義的である定量的研究とは違い、ナラティブのような質的研究は、認識論的立場も研究法によって多様であり、背景理論に沿って研究法が開発される傾向にあります。同じナラティブを対象とする研究でもこのように考え方が大きく異なることから、それぞれの研究法がどのようなもので、何を明らかにすることに適しているのか、あるいは、それぞれの研究法がナラティブをどのように捉えているのかなどを調べ、自身の目的にあった研究法を選択することが不可欠です。

　ただし、研究法は、方法論についての文献だけでは解釈の方法などわからないことが多々あります。方法論に関する文献と合わせて、その方法論を用いた研究も多く読んでいくことが大切です。さらに、質的研究については、多くの研究会やワークショップが開催されているので積極的に参加するとよいでしょう。また、実際に自分でやってみないとわからないというのも質的研究の特徴かもしれません。調査をしながら、その研究法をよく知る方に相談するということも必要でしょう。

3　ナラティブを解釈するために

　研究法が大切だということを述べましたが、研究法が決まれば、その方法によって自動的にデータが分析され、研究の答えが見つかるかのような誤解をしている人に出会うことがしばしばあります。しかし、研究法は、打ち出の小槌ではありません。どのような研究法を採用するにしても、ナラティブととことん向き合って、それを解釈するのはあくまで研究者自身です。ナラティブと、あるいはそのナラティブを語ってくれた調査（研究）協力者と向き合っていくことがナラティブ研究の出発にあると常に自戒を込めて思います。

　研究を始めたばかりの人がよく陥るナラティブの解釈は、ただナラティブの要約の範疇にとどまっているものです。ナラティブを解釈するとは、そのことばがこの社会にもつ意味を深く丁寧に削り出す行為だと思います。語られたことをなぞるのではなく、その語りの意味を池の底から掬いあげるよう

な作業です。そのためには、ナラティブが埋め込まれた社会について知る必要があります。語りの意味を深く理解するためには、その語りが生まれた**現場＝フィールド**におけることばの使い方に精通している必要があるのです。そのためには、フィールドワークをしっかりとおこなうことが最も効果的です。インタビューだけではなく、その人が住む場所や、その人の日常、周囲にいる人との会話など、視野を広くもって研究にのぞむと、同じ語りを聞いても意味が違って聞こえてくることがよくあります。

　また、研究者自身が自身と自身の考え方に自覚的であることが重要です。たとえば、調査協力者にとって研究者は、共通点が多く同じ目線で理解してもらえる人と映っているのか、それとも同情するような目線で話を聴いていると感じているのかでは、語られた内容や語られ方は大きく変わってきます。そして、研究者自身があらかじめ調査協力者に対してもっている前提を一旦、脇に置いておき、**無知の姿勢**で臨むという努力が求められます。せっかく話を聴いても、研究者自身が事前にもっていた枠組みに当てはめてしまっては意味がありません。同時に、どんなに無知の姿勢を追及しても、研究者自身の考え方、「**構え**」は、研究に入り込んできます。そのような「構え」が自身の研究にどう影響しているのかをメタ的に理解していくことも質的研究では重要になります。

　さらに、ナラティブを用いた研究の解釈において留意すべき点として**時間性**（temporality）が挙げられます。ナラティブ的な発想では、語られるなかで意味づけが変化していきます。研究者が当初もっていた前提が話を聴くなかで打ち砕かれ、塗り替えられることはナラティブの魅力でもあります。このように期待が裏切られる研究は、支配的な考えとは異なる新しい視点を提示できる場合が多く、ナラティブならではの意義を発揮します。しかし、語られるごとに変化する意味づけについて、研究者は、どこかで研究として区切りをつけてまとめなければならないという葛藤（Bell, 2011）に直面することになります。野口（2018）は、どのレベルの現実を信じればよいかという疑問に関しては、通説を超えていく新しい一面が見出された時点で意義があるという現実的な答えを示しています。ナラティブを用いた研究や実践は、このような時間性についてのジレンマに自覚的である必要があるといえます。

4 研究の与える影響と倫理的な配慮

　ナラティブを用いた研究にのぞむにあたっては、その危険性についても心得ておく必要があります。ナラティブには、現実を構成する力があります。その力をよい方に使うことができればいいですが、その力は時に人を傷つける力をもっています。インタビューという相互行為を通じて、作り出したナラティブが語ってくれた本人を深く傷つけてしまう可能性もあるのです。また、公表された研究の内容が、ほかの誰かを傷つけてしまう可能性もあります。そのナラティブや研究の負の力を意識し、可能な限りの**倫理的配慮**をしたうえで研究に取り組む必要があります。

　まず、調査への参加の有無やフィールドに研究者が参入することが、協力者、コミュニティ、その周りの人々にとって不利にならないかといった配慮が必要となります。フィールドに入り、研究参加者の話を聞くという行為は、程度の差はあるにせよ、研究者もそのフィールドに関わる一員、あるいは、研究参加者に関わる人になるということです。どういう形にせよ、研究者はそのフィールドの一部となり、研究はそのフィールドのなかでの出来事として、何かしらの影響を与えてしまいます。自分が研究者としてそのフィールドや人に関わる意味について研究者は常に自覚的である必要があります。

　次に、協力者の**匿名性**保持への配慮が欠かせません。ほかの研究手法と違い、ナラティブでは個人の背景、考え方、感情など、協力者（または語り手）について踏み込んだ内容まで知ることになります。しかし、匿名性を維持するために個人の細やかな情報を削除して研究として公表するとなると、質的研究としての透明性が脅かされることになってしまいます。特に、ナラティブは協力者の年齢や職業などの客観的情報だけではなく、個人の意味づけという深い部分に踏み込むので、協力者（語り手）と研究者（聴き手）は、友人のような個人的な信頼関係になることも多々あります。このような関係性において匿名性を守り、公にする情報を選ぶには、研究者としての倫理的判断が迫られることになります。

　また、データ協力者の感情などメンタル面への配慮も欠かせません。ナラティブを用いた研究や実践によって、語り手や聴き手が思い出したくない過

去がフラッシュバックしたり、封印していた感情が溢れてしまったりすることもあります。データ協力者には、無理に話す必要はないこと、途中でも協力を辞退することは可能であること、なども含めて事前に丁寧に説明するという**インフォームド・コンセント**（説明・同意書）の手続きを踏み、納得していただいたうえで研究を始めます。

　では、このような研究倫理に関して具体的にどのような配慮が必要となるのでしょうか。最近は、研究倫理委員会を設置し、研究をおこなう際に留意すべき点を記したガイドラインやインフォームド・コンセントに含めるべき内容を示す大学が国内でも増えてきました。まずは、各大学や学会の**研究倫理委員会**が示す具体的基準を参考にすることをお薦めします。特に年少者に協力依頼をする場合などは、研究者が考えている倫理的配慮が適切で十分かどうかを事前に委員会に審査してもらうことも重要となります。研究者が思いもよらぬことで協力者や周りの人々を傷つけてしまう可能性もあることを十分に理解し、配慮したうえで研究にのぞむことが求められます。

5　よりよい研究を目指して

　では、ナラティブを用いた研究ではどのような研究がよい研究といえるのでしょうか。1章でナラティブ・モードと実証的アプローチの違いを確認しましたが、ナラティブ・アプローチの研究では、汎用性や一般化を目的としているわけではありません。その代わりに、今までに議論されていなかった例を示したり、支配的な考えとは異なる見方を紹介したりすることで、その分野的発展や社会変革に一石を投じてきました。したがって、ナラティブ・アプローチでは、一般化を目的とする実証的研究で基準とするような信頼性や妥当性とはまた異なる点での研究上の基準が必要となります。たとえば、提示されるデータがどの程度信じるに値するものかを示す**信ぴょう性**、妥当性、透明性があります。そして研究の問いである研究課題から結果に至るまでの一貫性、従来とは異なる観点への着目といった**新奇性**、データ協力者や分析手順における倫理性などがよく挙げられます。

　従来型の実証主義的研究の基準から捉えると、ナラティブ・アプローチの研究は、サンプルサイズが小さいこと、一つの事例にかなりの時間と労力が

かかること、データの煩雑さ、研究者自身の主観とバイアス、分析力や解釈スキルによって研究の質が左右されること、などの特徴が言及されています。どの研究手法も絶対的なものではないことから、それぞれの手法の特徴を生かし、限界に配慮した研究が求められます。特に大規模な研究プロジェクトや博士論文などでは、従来型の実証主義的研究や知識中心の教育とナラティブ・アプローチ的なものが相互に補い合う形で多数のデータを用いたり、混合法を用いたりする例もあります。たとえば、当事者の視点を丁寧に扱うインタビューと傾向を探る大規模な質問紙調査の組み合わせなどは、スタンダードとなりつつあります。また、質的研究だけで研究をまとめる際も、当事者の視点についてダイアリー、ブログ、インタビュー、絵、写真、動画といった非言語も含めたマルチモーダルなデータ、エスノグラフィックな観察データや談話分析など多角的視点を含めた研究も近年増えつつあります。

6　今後の展望

　第Ⅰ部の最後に、言語教育におけるナラティブの意義を考えるにあたり重要となってくる観点をいくつか確認しておきます。一つは、上述したようなナラティブの多様性への理解です。教育学、社会学、心理学においては、ナラティブ・アプローチはすでに成熟し、分野内でもある程度確立した位置づけにあるといえます。しかし、言語教育分野においては、さまざまな背景をもつナラティブが混在していて、個々の特色にもとづいた評価基準についての議論が十分なされているとはいえません。研究者や実践者が、まずはナラティブの特色や多様性を自覚したうえで個々の立ち位置を明確に示していくことが、言語教育分野全体でのナラティブへの理解や存在意義につながっていくと考えています。

　二つめは、言語学習者や言語教師のエンパワメントや社会改革につながるようなナラティブの取り組みにするにはどうすればよいか、といった議論です。これは、研究にも実践にもいえることです。まず研究においては、研究者が、市民の一人として公正性・公平性や倫理性のもと、より良い社会創りを目指して研究に取り組む姿勢が鍵となります。そして、そのような研究目的を果たすには、5章で繰り返し述べてきた研究者自身の「自覚」や倫理性

が重要となります。フィールドに参入し語りを聴く調査者として、または、語りを分析し報告する研究者として、「私はどのような期待や前提をもっているのか」「私が話を聴くことで相手にどのような影響を与える可能性があるのか」を絶えず意識して研究に取り組む必要があります。そうでなければ、せっかくの語りが、研究者がもともともっていた解釈に押し込められてしまったり、当事者の考えが捻じ曲げられたりした解釈になります。特に現実社会への関与が大きいナラティブの研究では、この点について具体的にどのような工夫ができるのか、今後、さらなる議論が期待されます。

　ナラティブを用いた実践に関しても個々の成長を後押しし、社会変化につながる取り組みにすべく、常に新しい形が模索されています。省察活動においては、単に語るだけではなく、目的に応じた場づくり、タイミング、方法、語る相手など、さまざまな工夫がされるようになりました（第Ⅱ部参照）。また、持続可能な変化につなげるためには、個人の変化だけではなく、周りや環境の変化が鍵となります。野口（2018）は、ナラティブ・アプローチでは、ポストモダンの個人主義的考えが色濃く反映され、個人の能力獲得という考えが強かったと指摘しています。そこでナラティブ・アプローチの発展形として臨床の分野で注目されているのが、**オープンダイアローグ**やナラティブを介したコミュニティの形成です。個人やピアの語り合いだけではなく、保育園の保育者研修で実践されているような現場の教職員全体で職場やコミュニティの変革を目的としたオープンダイアローグ的な語り合いの導入など、さらなる発展形が期待されます。グループによる対話では、自分の考えや発話は他人から応答を得るなかで異なる文脈で位置づけられ、意味の厚みを増していくことができます。また、課題をコミュニティ内で共有することで一人では考えつかなかったような支援方法や体制が可能となることもあります。このように、ナラティブが社会的な活動のなかに埋め込まれ、対話やコミュニティ形成につながれば、持続可能な支援や社会的改革を促進することができるはずです。

7　推薦図書

　ここでは、編者3名がナラティブやナラティブを用いた研究を理解する際

に役に立つと考える本について紹介します。初学者向けに厳選しているので、まずは入り口として手に取り、興味に応じて読み広げていってください。

（1）ナラティブを知る

野口裕二（編）（2009）．『ナラティブ・アプローチ』勁草書房．

　ナラティブという概念でさまざまな事象に接近していく方法として「ナラティブ・アプローチ」という考え方を提唱している本です。ナラティブ・アプローチが既存の考え方とどのように異なるのか、その特色と意義についてさまざまな領域の例とともに共通の課題と可能性が示されています。

Barkhuizen, G. (Ed.) (2013). *Narrative research in applied linguistics*. Cambridge University Press.

　応用言語学の分野におけるナラティブを用いた多様な研究について、個々の方法論や分析方法における特徴と事例研究が紹介されています。特に1章では、ナラティブを用いた研究の多様性に関して八つの観点によるマッピングが示されていて、自身の研究や立ち位置を考える助けとなります。

De Fina, A. & Georgakopoulou, A. (2012). *Analyzing narrative: Discourse and sociolinguistic perspectives*. Cambridge University Press.

　社会言語学・ディスコース分析からの視点でのナラティブ研究について、その定義や特徴、研究法、分析の着目点、明らかにされる事象などが詳しく説明されています。本書の4章で取り上げた「ナラティブ研究」についてさらに知りたい方にお薦めしたい文献です。

（2）研究手法を知る

桜井厚（2002）．『インタビューの社会学 ── ライフストーリーの聞き方』せりか書房．

　社会学におけるインタビューの捉え方が、ナラティブと出会い、どのように変遷してきたか、そのなかでライフストーリーという研究法がいかに作り上げてこられたかが理解できる一冊です。モデル・ストーリー、構えなど、ライフストーリー研究で重要な分析概念も実例と共に紹介されています。

やまだようこ（編）（2007）.『質的心理学の方法 —— 語りをきく』新曜社.
　　質的研究のなかでも特にナラティブを用いた研究の基本概念や方法論が紹介されています。加えて、実際に研究をおこなう際の留意点や実践例の詳細まで紹介されています。ナラティブを用いた研究に興味をもった方は、まず手に取ることをお薦めします。

（3）研究事例を知る

佐藤彰・秦かおり（編著）（2013）.『ナラティブ研究の最前線』ひつじ書房.
　　日本語でのコミュニケーション場面でのデータを分析し、相互行為の視点からナラティブが考察されている論文集です。ナラティブの構造よりも機能に分析の焦点が当てられています。イェルガコポロ（2011）の論文、Narrative Analysis の日本語訳が収録されています。

三代純平（編）（2015）.『日本語教育学としてのライフストーリー —— 語りを聞き、書くということ』くろしお出版.
　　日本語教育におけるライフストーリー研究の理論と実践を網羅的に取り上げた論集です。日本語教育においてライフストーリー研究がどのように導入され、どのような目的と方法でおこなわれているのかを知ることができます。

文　献

野口裕二（2018）.『ナラティヴと共同性 —— 自助グループ・当事者研究・オープンダイアローグ』青土社.
Bell, J. S. (2011). Reporting and publishing narrative inquiry in TESOL: Challenges and rewards. *TESOL Quarterly, 45*(3), 575–584.
Pavlenko, A. (2007). Autobiographic narratives as data in applied linguistics. *Applied Linguistics, 28*(2), 163–188.

第 II 部

実践編

ナラティブ・アプローチによる
言語教育実践

三代純平

1　ナラティブ・アプローチによる言語教育実践

　本書第Ⅰ部 理論編では、ナラティブとは何か、ナラティブによって世界を捉えると何が見えるのかということについて述べてきました。また、ナラティブを取り入れた研究から実践までをナラティブ・アプローチとし、これまでナラティブ・アプローチが何のためにどのように取り組まれてきたかを概観しました。

　ナラティブには経験を組織化し、意味づける機能があります。それは、人々のアイデンティティの構築や学びの形成に大きく関わります。また、当事者の経験を明らかにしていくことは、主流となっている物語（ドミナント・ストーリー）に対し、それに代わる新たな物語（オルタナティブ・ストーリー）をその社会に作り出します。それは、当事者のエンパワメントや社会のダイバーシティにつながります。さらに、ナラティブは、その生成過程に注目することで、意味がいかにして創られていくか、そこにどのような力関係が内包されているかなどをつまびらかにすることができます。

　このようなナラティブの機能、あるいはナラティブのもつ力は、言語教育実践においてどのように取り入れられているのでしょうか。そしてどのように取り入れていくことができるのでしょうか。ナラティブ・アプローチによって言語教育を実践することは、私たちにどのような教育的可能性をひらくのでしょうか。

　第Ⅱ部 実践編では、ナラティブを取り入れた言語教育実践を紹介します。ナラティブ・アプローチの言語教育実践を、実践者自身がその実践に込めた思いや意義を含めて語ります。ナラティブを語ること、聞くこと、書くこと、読むこと、共有すること、共に創ることなどを通して、言語教育は何をなせ

るのか、そのヒントが散りばめられています。

2 なぜ、言語教育実践にナラティブを取り入れるのか

なぜ、言語教育実践にナラティブを取り入れるのでしょうか。あるいは、ナラティブを取り入れて言語教育実践に取り組むことにどのような意味があるのでしょうか。

第Ⅰ部の議論をふりかえれば、自ずとその答えは見えてくるかもしれませんが、ここで改めて確認しておきたいと思います。言語教育とは何か。言語教育は何をめざすのか。そのような問いに対してもナラティブという考え方は大きく関わっています。

従来の言語教育では、言語運用能力、つまり、自分の言いたいことをその言語で表現し、相手に伝えること、あるいは相手の言っていることを理解することをコミュニケーション能力とし、その能力の育成を自明の言語教育の目的としてきました。そこには、ことばはコミュニケーションの中立的な道具であるという言語観が存在しています。

しかし、ナラティブ・ターン以降、ことばは個人のアイデンティティ交渉や社会の構成に大きく関わっているという認識が共有されてきました。もはや、ことばは中立的なコミュニケーションの道具ではなくなったのです。そこで、自身のアイデンティティと向き合うことや、社会の多様性を理解すること、さらには、社会を共に創っていくためのコミュニケーションの経験を積むことなどが新しい言語教育の目的となるようになってきました。このような新しい言語教育を実現するために、ナラティブ・アプローチによる実践が企画されています。ナラティブ・アプローチによる言語教育は、ことばを通じてよりよい生と社会を創っていく社会実践と言えるかもしれません。そう考えることができるなら、言語教育は、道具としての言語を教えることを超えた、なにかわくわくするような活動になってくる気がします。

3 第Ⅱ部におけるナラティブ・アプローチの紹介

第Ⅱ部では、ナラティブ・アプローチによる9つの言語教育に関わる実践

を紹介します。9つの事例を通じて、ナラティブ・アプローチによってどのような言語教育活動が可能なのか、そこにはどんな学びが期待しうるのかを浮き彫りにしたいと思います。これらの実践からナラティブ・アプローチによる言語教育の具体を理解してもらうとともに、これらの事例の背景にあるナラティブ・アプローチの理念に触発され、さらに多くの新しいナラティブ・アプローチによる言語教育実践が生まれることを期待しています。

　6章の本間の事例は、中華学校で学ぶ子どもたちが自身のナラティブを記述する活動です。この活動を通じて複言語・複文化に生きる子どもたちは自身のアイデンティティと向き合っていきます。7章の豊田の事例は、支援者と共に留学生たちが自身のキャリアにつながるナラティブを構築していく実践です。キャリア・ナラティブを構築することで、留学生たちは将来への道を切りひらいていくことができます。8章の北出の事例は、共修学習のプロジェクトワークの経験をふりかえり、記述することで、学びを深める取り組みの紹介です。体験を言語化し、記録することで、経験を異なる角度から見つめる姿勢を育みます。

　9章の矢部の事例は、デジタル・ストーリーテリングを語る／聞くという一連の取り組みが、どのような学びを形成するのかを具体的に示しています。10章の宮崎の事例は、ヒューマンライブラリーの紹介です。社会的マイノリティの方のお話を、本を読むかのように伺い、対話する活動です。これらの取り組みは、ナラティブを語る／聞くという活動が、マイノリティのエンパワメントや多様性のある社会の構築にいかに重要かをしめしています。

　11章の三代と千葉の事例は、学生たちがインタビュー記事を書き、公開する「ときめき取材記」プロジェクトの紹介です。学生たちがナラティブを聞き、それを自分たちで再構成し、ナラティブとしてまとめる作業を通じて、他者の人生から自己の学びを形成します。12章の嶋津の事例は、Narrative 4の取り組みに触発された実践です。教師教育のなかで、養成課程の院生たちが互いのナラティブを聞き、それを自己のナラティブとして語りなおすことで、複眼的な気づきを得ます。13章の池田の事例は、教員研修として行われているラウンドテーブルの紹介です。一人の教員の実践を対話的に聞くことで、参加者の教師たちが学び合っていきます。これらの事例は、他者のナラティブを聞くことを起点に、語ること、語り合うこと、記述することなど

から学びを深めていく実践と言えるでしょう。

　14章の八木の事例は、ナラティブを教材化する試みです。地域で暮らす外国人住民のナラティブを教材とし、そこから学習者たちが自身の経験と照らし合わせたり、相互に経験を共有したりすることを通じて、学習を進めていくことが期待されます。

　上記のように、自己のナラティブを語ること、書くこと、他者のナラティブを聞くこと、読むこと、書くこと、ナラティブを協働で生成していくことなど、ナラティブへのアプローチの仕方は多岐にわたり、また複合的に組み合わせながら学びがデザインされています。それでは、各章でその具体例を見ていきましょう。

6章

複数言語環境で生きる「私」を語る作文活動
中華学校で学ぶ子どもたちのことばとアイデンティティ

本間祥子

> 言語ポートレートを書いているうちに、誰もが特別な構造をしていることに気づいた。私たちがこの世界でユニークな人だと思った。

1 中華学校で学ぶ子どもたち

これは、日本の**中華学校**という場所で日本語を学んでいる、高校2年生の生徒が書いた作文の一部です。この生徒は、13歳のときに家族の都合で日本へやって来ました。中華学校では、国籍、得意な言語、家族の歴史など、多様な言語文化背景をもつ子どもたちがともに学んでいます。

私は、2016年から2020年までの4年間、神奈川県横浜市にある横濱中華學院というところで、小学生から高校生までの子どもたちに日本語を教えていました[1]。この学校は、台湾の教育課程を採用する全日制の私立学校ですが、日本語や日本の社会科なども学ぶことができます。中華学校は、もともとは、華僑華人の子どもたちのために設立された学校です。その一方で、近年では子どもに中国語を学ばせたいと考える日本人家庭の子どもや、国際結婚家庭の子どもなど、さまざまな背景をもつ子どもたちが増えています。複数の言語を学び、それにともなう多様な文化体験をしながら育つ子どもたちと接するなかで、私にはずっと考えていたことがありました。それは、子どもたちに日本語を教えることをとおして、どのような**ことばの力**を育てていくべきなのだろうかということです。日本語を教えるということは、単に子どもたちに日本語の知識や技術を身につけさせることだけではありません。使用する言語を問わず、さまざまな言語コミュニケーションができるようになることがことばの力であると考えています。自分の感情に気がついたり、考えを深めたりすることも、ことばの力のひとつです。

子どもたちに日本語を教えることをとおして、どのようなことばの力を育てていくべきか。私がそう考えるようになったのは、ある生徒たちのやりとりにふれたことがきっかけでした。私が担当する中学1年生の日本語の授業で**作文活動**に取り組んだときのことです。ある生徒が、中国語の名前をもつ自分が、日本で生きていくなかで抱いた違和感について作文を書いていました。生徒は、「僕と台湾の距離」というタイトルをつけた作文のなかで、親の故郷であり、多くの親戚が暮らす台湾で自分が育っていたらどうなっていたのだろうという気持ちを記述していたのです。授業では生徒同士がお互いの作文を読み合い、コメントするという活動をおこなっていました。そこで、ある生徒が作文を書いた生徒に対して、次のようなコメントをしているのが目に留まりました。

　……同じ中華学院にいることで、私は日本と距離を感じています。日本との生活となぜちがうのか。私が日本の公立の学校に行っていたらどうなっていたか。私も○○と似たようなことを考えたことがあります。私はもっと○○と協力し合い、不安や疑問に思ったことがあれば、聞いてほしいです。

（○○は、相手の生徒の名前）

　このコメントを書いたのは、日本人家庭の生徒でした。このやりとりから、私は、生徒たちが心のなかに複雑な思いを抱えて生活していることを知りました。そして、生徒たちが自分の置かれた境遇に向き合い、ありのままの自分を知り、それを受け入れたうえで自分らしく生きていってほしいという教員としての願いをもつようになりました。なぜなら、複数の言語を学び、複雑な経験をしながら生きる自分を生徒自身がどう捉え、どう折り合いをつけていくのかが、生徒たちの自己形成において重要であると考えたからです。そこで、生徒たちを後押ししていくためには、日本語を教えることをとおして、**複数言語環境で生きる**自分自身を語り、それを意味づけていくことばの力を育成していくことができるのではないかと考えました。以下で紹介する授業実践は、このような経緯から生まれたものでした。

2 複数言語環境で生きる「私」を語る作文活動

　前節で述べたような経緯から、私は、生徒たちが複数言語環境で生きる「私」を語ることのできる作文の授業実践をおこなうことにしました。なぜ、作文活動を取り入れた授業をデザインしたのかというと、書く力を育成することによって、生徒たちが自分の思いや考えを言語化し、それを意味づけることができるようになるのではないかと考えたからです。これには、子どもにとって書くことがどのような意味をもつのかということが関係しています。

　子どもが学校で「書くこと」を学ぶということについて考察した石黒(2016)によると、子どもは書くことを求められることによって自分の生活経験を問い直し、すでに分かっていると思っていた世界をことばをとおして知り直していくといいます。子どもは、作文に「何か書くことはないか」と日常生活を見渡すことによって、日々当たり前のように受け流していたことを異化し、新たな発見をしたり物事の意味を考え直したりするのだそうです。つまり、子どもにとって書くことは、自分の日常生活を見つめ直すなかで考えていることを自覚したり、対象化して捉え直したりすることを促します。今回のケースでは、子どもたちは作文活動をとおして複数言語環境で生きる自分の思いや考えをナラティブとして生成することになります。そのナラティブを書くプロセスにおいて、中国語の名前をもって日本で生きていることや日本人でありながら中華学校に通うことといった経験を捉え直し、自分の生きる世界に意味を与えていくのだと考えられます。

　授業実践をとおして、複数言語環境で生きる自分自身について考えることのできる場が提供されること、つまり、そのような環境で生きる自分自身について書くことが要求されることによって、生徒たちが自分の日常生活を見つめ直し、それを理解して受け止めていくことができるのではないか。このような考えから、生徒たちが自らの意識を言語化することをねらいとした作文活動を取り入れることにしました。具体的には、生徒たちが日本語で作文を書く活動のなかに、複数言語環境で生きることにともなう自らの経験や記憶を語ることのできるようなテーマを設定し、それについてクラスメイトと話し合いながら自分の考えを深めていくための活動を取り入れました。この

ような授業実践をとおして生成される生徒たちのナラティブは、自分の経験や記憶を言語化し、その意味を理解し直していく媒体となるといえるでしょう。

3　「言語とアイデンティティ」をテーマとした作文を書く

　ここでは、2019年度の高校2年生を対象とした日本語の授業実践を紹介します。このクラスでは、高等学校国語科の教科書である『国語表現』（大修館書店）を使用していました。卒業後に日本の大学や専門学校に進学する生徒が多くいるため、受験にも対応できるよう日本の国語科の教科書を使用しています。ここで紹介する授業では、教科書のなかから「発想を広げて書く」という単元を取り上げました。授業実践の概要は、表6–1のとおりです。

(1)　マップ法を体験する

　1時間目の授業では、この単元で何を学ぶのかを生徒たちと共有しました。この単元では、あるテーマからアイディアを生み出し、発想を広げながら書くことを学習します。教科書では「法律」というテーマを例に、どのようなポイントに注意して書き進めていけばよいのかが説明されています。このクラスでは、「言語とアイデンティティ」というテーマを設定しました[2]。
　2時間目の授業では、発想法について学びました。ここでは、教科書の例を参考に「マップ法」という発想法を取り入れました。これは、ことばの連想によって発想を広げていく手法であり、思いついたことをともかく書き出す発想法です。生徒たちは、「言語とアイデンティティ」というテーマ

表6–1　授業実践と生徒について

授業名	国語表現（日本語の作文や小論文の書き方を学ぶクラス）
実施期間	2020年1月〜2月、9コマ（1コマ45分）
生徒	13名 ＊生徒の日本語レベルやバックグラウンドはさまざま。 ＊華僑華人家庭の生徒（日本生まれを含む）や日本人家庭の生徒、台湾や中国の学校から編入した生徒もいる。 ＊中国語と日本語を相手や場面に合わせて使っている。 ＊このクラス以外にも、日本の現代文の教科書を使用した授業を受けている。

から思い浮かぶことばをノートにどんどん書いていきました。

（2）具体的に考えるためのきっかけをつかむ

3時間目の授業では、生徒たちがテーマをより具体的に考えることができるような素材を提示しました。使用したのは、アメリカで暮らす日本にルーツをもつ小学生が書いた『どっち』というタイトルの詩です[3]。「朝起きて、おはよう　でも　一時間後には、グッドモーニング　どっちが私の言葉」というように、自分の話す複数の言語や二つの国を行き来する生活について感じたことが、親しみやすい表現で書かれていました。生徒たちは、この詩から連想したことを2時間目に取り組んだマップにさらに書き加えていきました。

（3）テーマについて考える視点をもつ

4時間目の授業では、さらに考えを深めていきます。ここでは、生徒たちにより近い年齢の大学生によるスピーチを読み、2〜3文程度の短い感想文を書く活動をおこないました。使用したのは、オーストラリアで日本語を学ぶ大学生が自分の生い立ちや生活経験を振り返るなかで、「私は何人なのか」「私のアイデンティティは何なのか」といった問いに対する主張を述べたものでした[4]。ここでねらいとしていたのは、生徒たちが自分の経験と照らし合わせながらテーマについて考える視点をもつことです。

5時間目の授業では、自分の経験と照らし合わせて考えていくときにどのような視点から考えればよいのかというアイディアを出すことをねらいとしました。そこで、横濱中華學院の卒業生が語った**ライフストーリー**を読む活動を設定しました[5]。このライフストーリーでは人生の時間軸に沿って、複数言語環境で育ってきたことに関するさまざまなエピソードが語られています。同じ学校に通っていた先輩の語りを読むことで、生徒たちが自分自身について考えるためのアイディアを見つけることができると考えました。

この2時間をとおして、教材のなかで扱われていた複数の言語や国籍、民族、家族、アイデンティティといったことについて、生徒たちは自分の経験を思い出しながら考えることができました。「自分の過去を見ているみたい」と共感する生徒もいれば、反対に、「ここは自分とは違う」と感じたことによって自分の考えが浮かび上がってきた生徒もいました。

(4) 言語ポートレートを書く

6時間目の授業では、**言語ポートレート**を書く活動をおこないました。言語ポートレートとは、「自らが持つ多様な言語的資源を明示的に捉えるための方法」(川上, 尾関, 太田, 2014) です。人型のイラストに自分と関わりのある複数の言語について書き込んでいきます。前時までは、他者の書いた文章をもとに考える活動が中心でしたが、ここでは、これまで考えてきたことを自分自身に引き戻して、じっくり考えるというねらいがありました。この活動をとおして、自分のなかでそれぞれの言語がどのような位置づけなのかが可視化され、それぞれの言語にどのような感情をもっているのかということに生徒自身が気づくきっかけになると考えたのです。

(5) 構成を考え、作文を書く

7時間目の授業では、これまでの活動を振り返り、内容を吟味しながら作文にどのような内容を書くのかを選びます。生徒たちは「言語とアイデンティティ」というテーマのもと、自分で具体的な主張を決めていきました。そのうえで、「はじめ・なか・おわり」に分けられた構成メモのワークシートを配付し、全体の構成を考えました。構成メモが書き終わり、内容が整理された生徒から原稿用紙に文章を書き始めます。字数は教科書の例にならい800字程度としました。8時間目の授業は、作文を書き進めるための時間としました。

(6) クラスメイトと意見交流をする

9時間目の授業では、ペアで完成した文章を読み合います。まずは、字の間違いや分かりにくい表現がないかを確認し、最終的な修正を加えます。その後3人程度のグループに分かれ、それぞれの作文を読みコメントを書く活動をおこないました。クラスメイトの作文を読むことで自分の考えを相対化し、テーマに対する新たな視点を獲得するきっかけになります。また、クラスメイト同士がお互いの考えを理解し合うことも重要であると考えました。最後に、単元のまとめとして、今回の一連の活動についての振り返りをおこないました。生徒一人ひとりに全体的な感想や印象的だった活動について話

してもらい、クラスで意見交流をしました。以上が、授業実践の一連の流れです。

4　生徒たちが語ったこと

　では、生徒たちは具体的にどのようなことを語ったのでしょうか。以下は、ある日本人家庭の生徒による作文の一部です。この生徒は作文の冒頭で自分が「本当に純粋な日本人なのか」「言語とどのような関わりをもっているのか」という疑問を抱いていることを述べたうえで、次のように記述しています。

　　……私は「言語ポートレート」を書いて、自分が本当に純粋な日本人なのかどうか確かめてみた。確かに私は純粋な日本人である。両親も祖父母もみんな日本人なので、間違いはないのである。しかし、私が横浜中華学院の学びの中で中国語という新しい言語を学んだため、日本人という認識が薄れてしまったのかもしれない。……言語とアイデンティティとは、自分自身の国籍だけで決めるのではなく、今までにふれてきた、言語や文化など多種多様な方向から考えていくものだと感じたのである。……言語とアイデンティティとは、その人の見た目で判断するのではなく、内側までしっかり見る必要がある。

　この生徒と同様に日本人家庭の生徒がクラスに数名いましたが、生徒たちのやりとりから、自分たちが学校のなかで「珍しがられる存在」だと思っていることが分かりました。ある生徒は、上記の作文を書いた生徒が中華圏にルーツをもたない自分について記述したことに対して、「そのことをちゃんと書いたのはすごい」とコメントしていました。この作文を書いた生徒は、「珍しがられる存在」である自分自身について考えを巡らせていくなかで、その人の内側を見ていこうとすることの重要性を意識するようになったと考えられます。

　また、自分自身をどう説明するかということに向き合った生徒も多数見られました。ある生徒は、実際は「クォーター」であるが、「何人なの?」と聞かれたときには「中国人です」と答えることにしていたといいます。「自

分の血はほぼ中国人なので」そのように答えることにしていたのだそうです。しかし、そこには生徒の複雑な思いがありました。その生徒は、「でもそう答える私の心情の裏にはどこか違和感があるのです」といいます。家族との会話も含め日常生活のほとんどの場面で日本語を使っており、中国にも数えるほどしか行ったことのない自分が中国人と名乗ることへの違和感、そして反対に、日本人だと名乗ってもよいのかという迷いがあるのだそうです。また別の生徒は、実際は日本と台湾の「ハーフ」である自分が日本国籍であることにふれ、どちらのルーツも大切にしたいと考えているにも関わらず、「でも日本国籍でしょ」と周囲の人に言われることへの複雑な思いを記述していました。さらに、ある生徒は「私の中で中国語と日本語が複雑な形に入り組み、自分の中で中国語と日本語の区別ができないのである」と記述しています。

　このように、生徒たちは「言語とアイデンティティ」というテーマから出発し、さまざまな思いを記述しました。日々考えていたことに向き合い、それをナラティブとして生成していくなかで、自分自身の意識を発見したり、悩みや違和感を抱く自分自身に気がついたりしていく姿が見えてきたのです。このような発見や気づきによって、生徒たちは自分の生き方やあり方に迷ったときに自分を見つめ直すことができます。そして、自分の生きる世界への意味づけを更新し、それを受け止めていくことができるようになるのだと思います。

5　実践の先に何を見つめているのか

　今回の授業実践では、複数言語環境で生きる「私」を語る作文活動をとおして生徒たちが自分自身に向き合うことばの力を育成することをめざしました。私がその先に見つめているものは、簡単にいうと、生徒たちに「私はこれでいいのだ」と感じてもらいたいということです。私は私のままで認められていて理解されているのだという感覚をつかんでほしいのです。このような感覚は、「アイデンティティの感覚」（岡田，2007）といわれます。中華学校の生徒たちは、複数言語環境という生活世界のなかで揺れ動いています。そのような生徒たちに日本語を教えることをとおして、自分の生きる世界に意

味を与えていくための教育をおこなうことができます。そのような教育とは、日本語の知識や技術を高めようとする教育を超えて展開されるものではないでしょうか。

　冒頭で紹介した文章を書いた生徒は、高校2年生の初めに書いた自己紹介カードで「自信がない、日本語の文章が書け辛い（原文ママ）」と記入していました。その生徒が、今回の授業で「誰もが特別な構造をしている」「この世界でユニークな人」だと気がついたのは、生徒にとって意味のある学びであったのだと思います。さらに、その生徒の言語ポートレートには、中国語、台湾語、日本語、英語と並び、「？」という言語が付け加えられていました。この「？」には、「将来、ほかの国で語学や仕事を学び、人生にたくさんの思い出を作りたいと思っています。世界一周旅行の夢も必ず実現しなければならない」という説明が添えられていました。つまり、生徒は未来への可能性を記述していたのです。来年度には高校を卒業し、進路選択を迫られる生徒が未来への可能性を考えていたということも、授業をとおして見えてきた学びのひとつであるといえるでしょう。同様に、単元のまとめとしておこなった全体の振り返りにおいても、「自分という個性に気づいた」「自分は何人なんだろうと考えるとき、言語は決め手にならないと思った」「他人に分類されるのではなく、自分で決めることが大切だと思った」といった意見が出てきました。

　今回の授業実践でめざしていたのは、自分の生き方やあり方に何か結論を出すことではありません。あくまでも現在の自分自身を見つめ、それをことばで語ることです。自分の抱える悩みや違和感に対して、今はどうすればよいか分からなかったとしても、そのような悩みや違和感を抱いている自分に気がついたことが、その生徒にとっての学びなのだと思います。それをきっかけに、今後自分の力で考えを深めたり、更新したりしていくことができるからです。生徒たちにとって、複数言語環境で生きる「私」を語る場が提供され、クラスメイトとともに一度立ち止まってじっくり考えた経験が、これからの生徒たちを後押しすることになるのではないでしょうか。そうすることで、一人ひとりの生徒が自分自身の置かれた境遇に向き合い、それを受け入れたうえで自分らしく生きていくことにつながるのではないかと考えています。

6 さらに学ぶために

石黒広昭（2016）．教室において「書くこと」を学ぶということ『子どもたち
　は教室で何を学ぶのか —— 教育実践論から学習実践論へ』東京大学出版会．
　　子どもが「書くこと」を学ぶということにはどのような意味があるのかが、
　具体的な実践とともに詳しくまとめられています。

本間祥子（2017）．日本語を学ぶ子どもが書くことを通して自らの生と向き合
　うプロセス —— 中等教育機関における作文の授業実践からの示唆『早稲
　田日本語教育学』23, 73-92.
　　本章1節で紹介した中学1年生の授業実践を、詳しく報告しています。

注

1) 本章は、横濱中華學院ならびに生徒・保護者を含む関係者に掲載の許可を得ました。
2) ここでいうアイデンティティとは、生徒たちが生成するナラティブから浮かび上がっ
　てくる姿であると考えています。ただし、アイデンティティをどう考えるのかは、い
　ろいろな考え方があることを伝えたうえで生徒たちに任せることにしました。
3) 『第35回（平成26年度）海外子女文芸作品コンクール —— 地球に学ぶ』（海外子女教育
　振興財団, 2014）に掲載された、山下紗歩さんの作品『どっち』（p.34）を使用しました。
4) 川上、尾関、太田（2014）より、第5回の授業案を使用しました。
5) 川上、尾関、太田（2014）より、第15回の授業案に掲載されている、横濱中華學院の
　卒業生のライフストーリーを使用しました。

文　献

石黒広昭（2016）．『子どもたちは教室で何を学ぶのか —— 教育実践論から学習実践論へ』
　東京大学出版会．
岡田努（2007）．『現代青年の心理学 —— 若者の心の虚像と実像』世界思想社．
海外子女教育振興財団（2014）．『第35回（平成26年度）海外子女文芸作品コンクール
　—— 地球に学ぶ』海外子女教育振興財団．
川上郁雄，尾関史，太田裕子（2014）．『日本語を学ぶ／複言語で育つ —— 子どものことば
　を考えるワークブック』くろしお出版．

7章 キャリア形成のためのナラティブ

人の心に届くキャリア・ナラティブの再構築

豊田　香

　私は一度大学を退学したことがずっと気になっていました。自分が中途半端な学生ではないことを説明しようと工夫しましたが、逆にすべての話は回りくどく、分かりにくくなりました。先生の助けを得て、自分の経歴を整理して、ようやく分かりました。私は「自分はどのような人間」という「how」だけで考えていました。10分間程度の短い面接時間では、細かな説明で面接官の心を動かすことは無理だったのです。先生がタイムラインを描いて、私に経歴を質問してきたとき、本当にショックを受けました。私がこれまで「何をした」のかという「what」について、まとめていくのです。このような方法で自分の経歴を振り返ったことはなく、これまでの私は自分の姿をはっきり認識できていないことが分かりました。私の冒険精神、学術への好奇心、環境問題への熱意など、これまでおこなった私の行為を捉え直すことで、自分のキャラクターもはっきり見え、進むべき方向も明確になりました。　　（アジア圏出身・20代・大学合格）

1　多様な留学生の多様なキャリア形成 —— 実践の位置づけ

　私はこれまで、10か国以上の国から来た外国人留学生の進路指導を担当してきました。その過程は、学生の話に耳を傾け、最終的に学生が納得できる進路を決め、面接の準備をして、合格や内定を得るという一連のものですが、その中身は実に多様でした。一般的には、日本で日本語を学ぶことを主目的として来日する外国人留学生は、日本の大学（院）や専門学校に進学し、卒業後は日本社会で活躍したいと希望する人が多いように思います。しかし、実際には、日本以外の国で大学（院）を卒業後、社会人として一定の職業経験を積み、職業設計の見直しのために日本に留学をする学生、また母国の大学でえた専門的な学識の上に日本語能力をつけ、日本で高度人材として活躍

することを目指す学生などもいます。このような実態はまだ調査で数値的に明らかにされていませんが、もしかしたら、日本語を教育する機関は、語学教育に加え、多様な経歴をもつ外国人留学生の中長期的なキャリアデザインを支援する場、つまり、グローバルな生涯学習の場となりつつあるのかもしれません。

　主に日本語を日本で学ぶ留学生を年齢別で捉える資料はまだ発表されていないようです。そこで、本章で実践事例として紹介する拓殖大学別科の留学生[1]（以下、別科生）（2019年度）を例に挙げると、平均年齢は25.1歳（19〜40歳代）で、留学目的は、大学（35%）、大学院（35%）、専門学校（10%）、既卒生の高度人材就職（15%）となります。出身国はベトナム・インドネシア・中国を中心に10か国以上で、世界的な**アカデミックキャリア（学歴）**の高度化、それに伴う専門的・技術的分野でのグローバルな**ジョブキャリア（職歴）**の支援が、別科には世界から求められつつあるように思います。年齢の幅と留学目的が多様である場合、別科生が必要としている日本語も非常に多様であるといえます。別科に求められている教育は、日本語能力に関する資格取得に向けたものに加え、別科生が日本で自らのキャリアを切り拓く上で必要な、異文化間で通用する言語運用能力を含めた学識の上にたつ留学生教育だと考えられます。

　アカデミックキャリアでも、ジョブキャリアでも、自分のキャリアを切り拓くためには、日本留学に至る自らの生き方を、一人よがりな事実として語るのではなく、日本語で面接官などの人の心に届き、深く理解してもらえるよう話す必要があります。しかも、大学や企業が求めている内容と言いまわしを用いて、結果として承認され高評価を得るようなナラティブとして再度構築する必要があります。さらに、自信をもち気持ちを込めて、面接官の目を見て話せるように訓練をする必要もあります。面接は、言語教育者と留学生の双方にとって、実社会で通用することを目指す、**本物性**の高い教育・学習場面であり、人生を左右する一大イベントとして緊張感をもって準備されるものとなります。

　このように、授業での学習課題や教材としてではなく、実社会で自らのキャリア形成のために再構築するナラティブをここでは**キャリア・ナラティブ**と呼びたいと思います。これは、言語運用能力に加え、自己理解や自

己分析能力が要求され、母語であってもなかなか難しいのかもしれません。まして日本語を学習中の留学生には、教員の支援が必要であると思います。そこで本章では、別科生を対象に、大学合格と企業内定を目標として、本物の面接に向けて準備したキャリア・ナラティブの再構築の取り組み事例を紹介したいと思います。また、その際に使用した文化心理学にもとづく理論的枠組みの援用方法についても紹介します。

2 多様なキャリア・ナラティブを再構築するための基礎理論

　異なる文化的背景をもつ別科生を対象にキャリア・ナラティブを再構築するには、母国の文化的要素が考慮でき、文化を越えてその人のライフを理解できる汎用性の高い理論的枠組みが必要だと考えました。それにより、学生も教員も、お互いに客観的にライフコースを捉えやすくなると考えたからです。具体的には、文化心理学の最先端の一つにあり、日本発の心理学モデルとされる質的研究法「**複線径路等至性アプローチ**（Trajectory Equifinality Approach, TEA）」（サトウ，2009；Valsiner, 1999）を援用することにしました。図7-1に示した「キャリア・ナラティブ作成シート」は、TEAを援用し、別科生向けに作成したものです。

　図7-1に示すように、基礎理論となるTEA（サトウ，2009）という質的研究法では、人が生きた径路を時間とともに理解しようとします。人は、決して戻ることのできない非可逆的な時間を、自分の置かれた環境変化と共に生き、主要な場面で、径路選択を（無）自覚的におこなっているものと考えます。図7-1では、図の中心にある黒い矢印が非可逆的時間を示し、自らが選択してきた人生の分かれ目となるような出来事を「分岐点1」というよう示しています。また、黒矢印といくつかの分岐点を上下から挟むように示されている矢印は、そこで起きている心理的な葛藤を、そうせざるを得なかった要因（社会的方向づけ：図7-1内の上から下への矢印）と、その経験へと導く支援的な要因（社会的助勢：図7-1内の下から上への矢印）から捉えようとします。このTEA分析の枠組みは、大学の学生相談で援用されるなど、人のライフを時間とともに理解する際に実用的に応用できる考え方といわれています（松本，2017）。

　また、過去のライフコースの意味づけが、自覚的にも無自覚的にも現在に

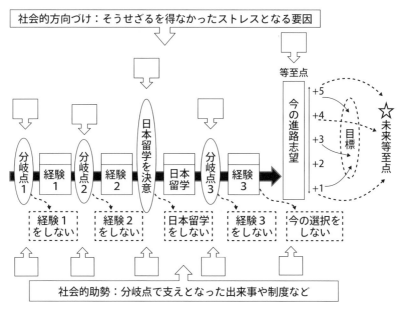

図7-1　TEA に基づくキャリア・ナラティブ作成シート

影響を与え、学生は「進路志望」として未来展望を言語化すると考えられます。未来展望のナラティブを再構築する枠組みとしては、TEA を援用した**「自己未来等至点モデル」**（豊田, 2017）によるキャリアデザイン手法が、社会人を対象として有効であると報告されています。この手法では、最初に、大学志望校や就職（転職）先、また資格取得など、ある程度明確に設定した目標を可視化しようとします。次にその目標の先にある、もしくはその目標とは関係なく遠回りしてでも達成したい自己未来像を言語化します。これは、今は方法がわからず、実力が伴わないので、人の力を借りながら、人生径路のどこかで到達したい自己未来像で、**「未来等至点」**とよばれています。目標と未来等至点の両方を可視化することで、過去と中長期的な未来を見つめる今の自分が、ぶれずに納得していられることを目指しています。これらを今回紹介する事例で説明すると、図7-1内の「今の進路志望」は、ある程度実現可能な「目標」と言えるものです。その志望校は、第一志望なのか第二志望なのか、希望の程度に差があることを5段階で示しています。また、こ

の進路志望の先に示す星印は、多様な径路を視野にいれつつ達成してみたい自己の未来像（未来等至点）を示しています。学生に、このキャリアデザイン作成シートの全体像をどこまで詳しく伝えるかは、学生の日本語レベルや授業時間などと関係すると思います。以下に実施した事例を紹介します。

3 実践事例

実践事例では、私が二つのステップを踏んでキャリア・ナラティブを再構築したプロセスを紹介します。ステップ1は、別科の行事「全員面接」の準備、ステップ2は、その後のクラス担任としての個別進路指導です。

(1) ステップ1：別科修了要件「全員面接」の準備としての取り組み
—— 未来等至点の言語化

別科には、別科修了要件として「全員面接」という取り組みがあります。これは、別科生が、「今なぜ別科で日本語を学んでいるのか」「何が難しいのか」、そして「別科修了後に何をしたいのか」などの質問を面接官から受け、それぞれの日本語の能力にあわせて答えるという取り組みです。教室への入り方、服装、立ち居振る舞いなど、非言語表現も学びます。それに向けた準備は、日本語能力別の各クラス担任が日本事情の時間におこないます。調査年度では第10、11週の2コマが練習期間となりました。翌第12週目は「全員面接」の本番でした。当日は、クラス担任ではない教員が面接官となり質問をします。クラス担任よりは少し面識の薄い教員に質問されることで、緊張感が生まれることを期待しています。

事例として紹介するのは、表7–1に示すように、1〜2月の入試・就職の面接試験を見据えた学生を対象としたものです。具体的な実践は以下の手順となります。第10週日本事情の1コマでは、教員は、①キャリア・ナラティブ作成シート（図7-1）を、ほぼ同じ形式で黒板に書き、②今回のタスクが、非可逆的な時間のなかで、自らが人生の径路選択をして今ここにいるものと理解してみることだと説明します。③学生にA4の白紙を配布し、黒板の図を書き写すよう指示し、④下記の質問を黒板に書き、読み上げ、学生にはそれぞれの分岐点に質問の答えを書き込むように指示します。⑤それぞれの分

表7-1　授業の枠組み

授業名	「日本事情」（全15回授業の単元の一つ：全員面接）
実施期間	20XX 年11月（第10週・第11週、2コマ、各90分）
履修者	10数名 ＊学生の日本語は日本語能力試験 N2以上を目指すレベル。 ＊進路は、大学院志望：大学志望：就職志望＝約2：2：1

2020年度は、遠隔授業等への授業形態変更により中止。

岐点において、そのときに起きた社会的に支えとなったような出来事を思い
だしてもらい、図の形で記入してもらいます。⑥ペアワークで、面接者と面
接官に分かれて発話の練習をします。教員は、学生の席を回りながら、質問
に答え、必要な場合は学生の日本語を修正します。⑦紙を見ないで言えるよ
うに練習することを、次週までの宿題とします。

【質問項目】

質問1（分岐点1について）「なぜ、あなたは、日本に興味をもつようになったの
　　ですか？　何がきっかけで日本を知り、意識するようになりましたか？」

質問2（分岐点2について）「いつから、日本留学をしたいと思うようになりまし
　　たか？　そのきっかけは何ですか？」

質問3（日本留学を決意）「最終的に何が決めてとなり日本留学が実現しまし
　　たか？」「何が日本留学を可能にしてくれましたか？」

質問4（分岐点3）「日本に留学してから、どのような経験がきっかけで、今、目
　　標としている大学（院）・企業などを進路として選ぶことにしたのですか？」

質問5（未来等至点）「今目標としている進路に進めた場合、その先で自分はどの
　　ような仕事や社会貢献をしたいと思いますか？」「また、もし目標としている
　　進路に進めなかったとしても、日本語の学習を通して達成してみたいことは
　　どのようなことですか？」

　第11週目は、「全員面接」に向けて、本番同様に机などを設置して、学生に、
それぞれ面接官と面接者の両方の役割を担当してもらいました。その際に、
立ち居振る舞いという非言語のメッセージを確認しました。学生は、以上の
準備を経て、翌12週目の「全員面接」に臨み、無事終えました。

（2） ステップ2：個別進路指導（授業外）
── 面接官の心に届くキャリア・ナラティブの完成

　事例として紹介する、アジア圏出身のＫさん（20代・性別非表示）は、日本の大学を目指す、とても勤勉な学生です。大学進学を志望していて、試験科目に面接試験があります。Ｋさんは、面接官に志望理由を話すことに対して不安があるということで、授業時間外に個別対策として、先のステップ1でまとめた内容を、大学入試面接用に再構築することにしました。具体的には、以下の質問事項を加えました。

1. 高校卒業後、日本以外の他国（以下、他国）の大学には進学しましたか？　なぜ、母国ではないのですか？
2. なぜ、他国の大学に進学したのですか？　専攻は何ですか？　なぜその学部ですか？　卒業しましたか？　何か問題はありましたか？
3. 母国でどのような仕事をしたのですか？　なぜ中退してまで仕事を始めたのですか？　仕事は順調でしたか？
4. 留学と母国での職業と日本留学を結びつけると、これから日本で何ができそうな気がしますか？
5. これまでのたくさんの経験を積むなかで、あなたにとって長所・短所は何でしたか？　それが大学でどのように生かされますか？

　Ｋさんには、これらの質問に口頭で答えてもらい、より適切な日本語表現となるよう指導しました。それをＫさんが文字に起こし、メールでさらに添削します。最終的に入試面接官の視点で理解され評価されるに相応しいとお互いに納得するまで、このやりとりを複数回おこないました。Ｋさんは、複数の大学を受験しましたが、どの大学も入試面接試験については、この準備の範囲で基本的には対応できたとのことでした。実際に再構築されたＫさんのキャリア・ナラティブは以下の通りです。

　　高校を卒業後、北欧の国の大学に留学しました。そこでは、経済学を専攻しました。数年かけて入学準備をして入学した大学ですが、中退をしました。母

国の環境問題が悪化し、ちょうどその時、国際基準を満たす環境関連商品の母国での代理店販売の権利を得ることができ、その関係ですぐ起業せざるを得ませんでした。その大学への入学目的が、経済学よりむしろ外国語の習得だったので、ある程度満足し、迷わず仕事を選択しました。

　起業後、母国では環境問題への関心が高まり、その影響でビジネスは順調に成功しました。ビジネスが順調な間に、さらに環境問題の解決に役立つビジネスモデルを作成することが必要であると考え、役職を友人に譲り、私は日本で勉強することにしました。その理由は、ある国のネット大手通販の無人倉庫で、最先端技術を見る機会があり、悪化する環境問題を解決するには、自分がその技術を学ぶ必要があると思ったからです。日本は、その分野の研究では世界トップレベルであり、治安が良く、母国の家族が安心できる国だと思いました。また同じアジア圏なので、日本は地理的に魅力でした。日本に留学をするにあたり、母国で日本語を独学しました。しかし、大学に入学するためには、きちんと教育を受ける必要があると思い、拓大別科に入学しました。大学は、ビジネスチャンスゆえに一度退学しましたが、今回は、必ず日本の大学を卒業したいと考えています。もし可能であれば修士課程に進み、習得した専門技術を母国に持ち帰り、母国でビジネス貢献をしたいと思います。母国では、勉強ではなく、専門の人と協力すればビジネスは成功するという人がいます。しかし、どの方向が正しいのかという専門的な知識がなくては、ビジネスでの成功はありえません。

　なお、図7–2は、上記のKさんのキャリア・ナラティブを可視化したものです。Kさんは、この結果図を大学進学後に見て、以下のようにコメントしています。

　　この図を見て、私の今までの長所、短所、挑戦が一目でわかります。このような形にして自分の経験を理解するのは初めてです。今まで、失敗せずにここまでこられたのは、母国の家族、そして先生がいたからです。本当に感謝しています。

　Kさんは、再構築した自身のキャリア・ナラティブが図として可視化され

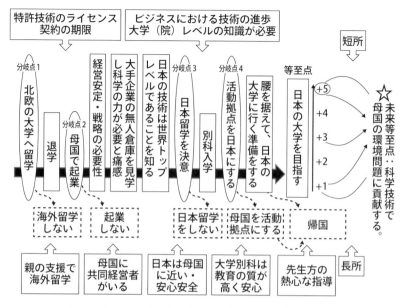

図7–2　キャリア・ナラティブ作成シートに基づく K さんの結果図

たことで、過去から未来へ続く自己の物語が、独りよがりの自己理解ではな
く、親や友人などの環境と共にあった客観的なナラティブとして、確信に満
ちたものにしたのかもしれません。

4　実践の先に何を見つめているのか

　この手法は、別科生の高度人材の就職面接対策でも使用されています。言
語教育の一環として、人の心に響くキャリア・ナラティブを再構築すること
は、ますます高度化する実社会で通用する本物性の高い言語運用能力に加え、
合格や内定を勝ち取った先の日本で生き抜く信念のようなものを学生に気づ
かせると思います。キャリア・ナラティブは、母国を離れて日本で生きてい
く私は何者なのか、自らの過去と未来の間、また母国と日本の間を心理的に
行き来する**グローバル人としてのアイデンティティ**の自覚に、深く関わり
ます。またそれは、「2030年までに、すべての人々が男女の区別なく、手頃

な価格で質の高い技術教育、職業教育及び大学を含む高等教育への平等なアクセスを得られるようにする（**SDGs 4.3**）」（国際連合，2015）に対する貢献になるとも思います。世界に目を向けて、なぜ母国ではなく日本で日本語を学び働こうとするのか、そのような異文化間移動を語る文化心理学に基づくキャリア・ナラティブの再構築は、言語教育者と留学生の双方にとって避けては通れない、**留学生キャリア教育**という言語教育の一つの集大成ともいえるでしょう。大学別科や日本語教育機関、さらに大学正規課程を経て、留学生はグローバル人として日本社会や国際社会で生きていくという視点から、日本語教育を捉えなおすことが、今後さらに重要になるものと思います。

5　さらに学ぶために

安田裕子・サトウタツヤ（編著）(2017).『TEMでひろがる社会実装 ── ライフの充実を支援する』誠信書房.
　　同著内の上川多恵子「母国人日本語学習者の敬語使用」、北出慶子「ネイティブ日本語教師の海外教育経験は教師成長をうながすのか」などが、TEAを用いた日本語教育研究として参考になります。

Pinner, R. (2019) Authenticity and teacher-student motivational synergy: A narrative of language teaching. Routledge.
　　言語教育の教材における「本物性（authenticity）」について最新理論を展開しています。

注

1) 大学留学生別科とは、外国人が日本で主に日本語を学ぶことができる大学の一課程です。教育の質保証は、大学留学生別科は文部科学省が、学校教育法上の学校種以外の日本語教育機関は、出入国在留管理庁が管轄します。学生数は、日本語教育機関41,600人（2019年7月1日現在：一般財団法人日本語教育振興協会より）、大学別科生は4,720人（2019年5月1日現在：文部科学省学校基本調査より）です。大学がもつ学識の活用と、現役学生との国際交流などが、日本語教育機関との差別化として『日本語予備教育を行う留学生別科等の基準に関する協力者会議』で議論されています（文部科学省，

2020)。

文　献

国際連合 (2015).「我々の世界を変革する――持続可能な開発のための2030アジェンダ」
　　https://www.mofa.go.jp/mofaj/files/000101402.pdf（2021/3/10取得）
サトウタツヤ（2007）.『TEMではじめる質的研究――時間とプロセスを扱う研究をめざし
　　て』誠信書房.
豊田香（2017）. 社会人のためのキャリアデザイン――未来等至点を描くキャリアデザイ
　　ンセミナーの設計と実施. 安田裕子・サトウタツヤ（編）『TEMでひろがる社会実装
　　――ライフの充実を支援する』(pp.88-108) 誠信書房.
松本玲子（2017）. 大学生相談のトランスビュー. 安田裕子・サトウタツヤ（編）『TEMで
　　ひろがる社会実装――ライフの充実を支援する』(pp.184-207) 誠信書房.
Valsiner, J. (1999). *Culture and human development: An introduction*. Sage Publications.

8章 「モヤモヤ感」を越えて見えてくる眺め

国際共修での葛藤を通した学びとジャーナル活動

北出慶子

　例えモヤモヤしたことでも、ジャーナルに書くことで、曖昧なものを言語化する努力をするし、言語化することで自分の内心に気づくことができる。言語化しないでそれを蓄積し続けると、過去のうっ憤をどこかで爆発させてしまうし、それを他者にぶつけてしまう。その感情は、時に解釈をねじ曲げてしまうこともある。
　　　　　　　　　　　　　　　　（国際共修授業 受講生の学期末レポートから）

1　国際共修でのモヤモヤ感と新しい気づき

　冒頭の引用は、留学生と学部生の学び合いを目的とする「**国際共修**」授業でおこなっているジャーナル活動についてのある受講生の声です。私は、留学生と国内生が多様な背景をもつメンバー間での学び合いを目標とした「国際共修」（末松ら，2019）の授業設計に取り組んできたのですが、国際共修の学びには、体験について振り返って語る活動が不可欠だと考えています。異文化（多文化）に触れることは、今まで考えたこともなかった自分の常識を超えた考え方に触れる機会でもあり、そのような経験により、今までの自分が揺さぶられるような感覚を覚えることもあります。このような自己の捉え直し、そして、それによって今までの自分を越える経験こそが国際共修の醍醐味です。このような捉え直しを促すには、モヤモヤした感覚に向き合って自分にとっての個々の体験の意味を言語化して語ることが重要となります。ことばとして記録することで時間をおいて体験を思い出したり、他者の声を聴いたりすることができます。そして、この過程を踏むことで、今までとは少し違った角度から経験を捉え直す、つまり「オルタナティブ・ストーリー」（従来とは違った意味をもつ語り）が見えてくると考えています。
　国際共修授業では、さまざまな形式や段階での省察活動を実施し、共修グ

ループ活動を通した経験について考える機会を提供しています。本稿では、そのなかでもジャーナル活動と学期を通した振り返りである学期末レポートに注目し、「独りで書く」ことの意義と特徴について述べます。

2 独りで振り返って書くことの意味

異文化理解の授業のなかには、「外国人」ゲストとの交流や「〇〇国と〇〇国の違い」といった国単位の異文化知識の学びを目的とするものもありますが、この国際共修授業では「多様な背景をもつ他者と協働する経験を通しての個々の参加者の気づき」を学びと考えています（北出，2010）。違いへの好奇の眼差しではなく、人と人として直接関わり、一緒に社会を創っていく**地球規模の市民性**（global citizenship）を射程としているからです。多文化交流や言語学習支援は、ともすると「教えて（支援して）あげる・もらう」といった非対称的な関係やステレオタイプの強化にもつながることから、多文化交流の場を創るには十分な配慮が必要となってきます。この授業では、留学生と学部生、双方が正課の授業のなかで同じグループメンバーという比較的対等な関係で12週間にわたりプロジェクトで労苦を共にします。授業概要については表8–1を参照してください。

この授業では、「共生のためのコミュニケーション能力」「他者理解・他者受容」「自律性・自己研修力」という観点、さらにこの三つを細分化した計20項目を目標として提示しています。各受講生は、この20項目を参考に学期始めに各自の目標として特に伸ばしたい点を三〜五つ選定します。その後、12週間にわたり、言語文化背景の異なる3〜4名のグループメンバーでユニバーサル・デザインや「持続可能な開発目標（SDGs）」の観点から大学内ま

表8–1　授業の枠組み

授業名	共生コミュニケーション演習
実施期間	15週間（週1回・90分）、プロジェクト活動自体は12週間
履修者	25名程度（短期留学生と学部生が半々程度） ＊短期留学生は、日本語能力試験のN2レベル以上 ＊学部生は、文学部の言語コミュニケーション学域の日本人学生または正規留学生

たは地域の改善を目指したプロジェクトを提案・実施・発信していきます。過去の例では、ヴィーガンや宗教上の理由で食事制限がある人でも食べられるメニューを食堂に提案する、言語能力にかかわらず誰にとっても見やすいキャンパス・マップを作成する、といったグループもありました。グループ活動では、プロジェクトの完成度のみが評価されがちですが、本授業では、遂行にあたって多様な背景をもつメンバーとの協力やコミュニケーション上の工夫や葛藤からの学びを重視しています。

　このように体験を通した個々の受講者の気づきを学びとし、主体的な学びを促す仕掛けとして、この授業では個人やピアでの振り返り、対話型や筆記型など、多様な**省察活動**を組み合わせて導入しています。図8–1の灰色枠の「振り返り活動」が授業時間内でのピアまたはグループでの対話を通した振り返り、同じく図8–1にある黒塗り部分が個人で書くことを通した省察活動です。学期初日の「それまでの経験振り返り」では、受講者のそれまでの異文化体験やグループ活動体験を振り返ります。その後、各自の目標を設定し、ジャーナルの1ページ目に記入しておき、学期終わりに再度、目標に沿って自己点検を実施します。

　ジャーナルには、毎回のグループ活動からの個々の気づき、戸惑い、混乱、発見、などを書きとめて隔週で提出します。ある程度のゆとりをもってじっくり書きたい内容を考えることができるように隔週の提出としています。また、書く作業に要する時間は人によって異なることや、グループメンバーが

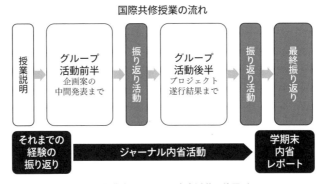

図8–1　授業全体における省察活動の位置づけ

横にいると書きづらい可能性もあることから、個々のペースで書けるように授業時間外に宿題として記入するようにしています。ジャーナルの評価としては、①提出点（期日までに提出できているかどうか）、②内容の適切さ、③内省の独創性の三つを観点として示しています。教員の方で簡単なコメントを記入して翌週返却しますが、ジャーナルのコメントは傾聴や励ましに徹し、具体的な解決案や助言は控えるようにしています。この授業では、教師はカウンセリングでいう「無知の姿勢」で臨み、学びの主体である受講生自身がどうすればよいかを考えて行動するよう委ねるからです。学期末には自身のジャーナルを読み返したうえで学期全体を通した気づきを小レポートとしてあらためて書いて提出します。授業内の対話型省察だけではなく、このような個人で書く省察活動を取り入れている理由は、大きく二つあります。

　まず、ボランティア活動やグループ活動などの学生主体型の学びでは、活動体験をことばで表現する過程が欠かせないという理由があります。言語化されたものは記録となって可視化され、批判的な捉え方を促します。そして、ことばとして記述することにより、状況を分析するだけではなく実際に体験していない部分への想像が可能となります。これにより、今まで考えが及ばなかったような他者の視点への気づきや将来的な展望が可能となります。このような体験と学びの関係については、「**経験学習理論**」として体験、省察的観察、抽象的概念化、能動的実践、体験という学びの循環（e.g., Kolb, 1984）（図8-2）で示されています。

　もう一つの理由としては、異なる他者とのコミュニケーションを通した体験の意味や価値を捉え直し、自己の考え方の変化を実感する機会として、書く作業を通した振り返りは効果的だということが挙げられます。気づきは、瞬間的なもので消えて忘れ去られますが、文字化することで記録として残すことができます。そして、体験の記録を時間をおいて読み返すと、一見、無関係に見えた別々の気づきがつながり、一つの筋道が浮かび上がることもあります。

　文字として記録し思考を重ねることにより、複数の体験が関連づけられ、新たな発想や一歩踏み込んだ深いレベルの価値の変化を促すことができます。例を挙げてみましょう。ある日本人学生Aさんは、グループで同じ日本人メンバーのBさんが遅刻してきたのを見て、やる気のなさに憤りを感じました。

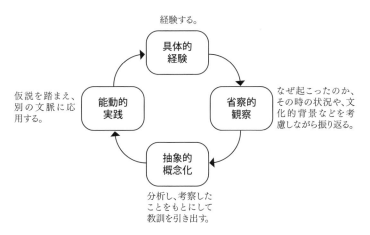

経験する。

具体的
経験

省察的
観察

なぜ起こったのか、
その時の状況や、文
化的背景などを考
慮しながら振り返る。

能動的
実践

仮説を踏まえ、
別の文脈に応
用する。

抽象的
概念化

分析し、考察した
ことをもとにして
教訓を引き出す。

図8-2　省察と学びのサイクル（e.g., Kolb, 1984）

ところが、別の打ち合わせで留学生メンバーCさんが遅れてきた時は、特に
何も感じませんでした。この二つの経験を通し、「私は、なぜ日本人学生に
だけ、いら立ちを覚えたのか」という自身の感情に目を向け、Aさんは「日
本人」と「留学生」という括りと個々の括りに対して自分がもっていた固定
概念に気づくことができました。Bさんの遅刻だけの時点では、「遅刻に対
する考え方」レベルの気づきだったものが、留学生Cさんの遅刻という後で
起きた出来事と関連づけることで、「同じ日本人だから自分と同じ価値観を
もっているはずだ」という自身のもっていた前提に気がつくことができたの
です。このように複数の体験がつながることで、さらに掘り下げた自己内省
が可能となります。

　異文化間コミュニケーション能力の定義として著名なバイラム（Byram,
2008）は、**地球規模の市民性**の教育方法として、多様な背景をもつメンバー
による活動を設計し、その活動を通した内省と分析をおこなうことを提案し
ています。そして、個々の出来事についての気づきだけではなく、複数の気
づきを関連づけ、より深いレベルの価値観の変化を促すことが重要だとして
います。このように一歩踏み込んだ抽象的レベルの学びに導くべく、本授業
では、グループ活動を通した体験からの気づきをジャーナルとして記録し、
学期末のレポートとしてその気づきに筋道を与えて捉え直すという流れを設

計しています。

3　新たな発想を促すための仕掛け

　異文化接触では今までにない考え方と出会い、今まで住んでいた町を山頂から見渡すかのような新鮮さや視野の広がりを味わうことができます。一方で、新たな発想が視野に入り始めると、それまでの自分の考え方に疑問が投げかけられ、無意識にもっていた自分の「当たり前」や癖が突きつけられることにもなります。この衝撃が大きいほど、揺さぶられた感情を整理するのに時間がかかり、スッキリしない状態が続くこともあります。そして、このような出来事についてことばという符号に当てはめてジャーナルとして書くことは、遭難せずに山頂に行くための道しるべとなります。では、なぜ、ほかの省察方法ではなくジャーナルなのでしょうか。書くという作業にどのような意義があるのでしょうか。私は、瞬時に言語化が迫られる口頭でのコミュニケーションとは異なり、自身のペースで書くという行為は、より的確に表現できることばを選び直したり、ほかの筋道を模索したりする試行錯誤を可能にすると考えています。また、書かれたものを時空を超えて読み返すことにより、新たな発想が促されます。このような特徴を生かしたジャーナル活動の意義や実施にあたっての工夫＝仕掛けについて以下に2点述べます。

（1）出来事と解釈を切り離してみる

　ジャーナルというと、ブログや日記と勘違いする人もいるため、この授業でのジャーナルの目的、意義、書く内容について授業開始時に丁寧な説明をすることが鍵となります。ジャーナルの指示文として「①今日の授業で、印象に残ったことはどのようなことですか」「②なぜ、そのことが印象に残りましたか」の2点を書くよう、ジャーナル記入頁ごとに記載しています。前者は後者と比べて客観的な出来事の描写、そして後者は出来事に対しての捉え方や意味づけです。このような出来事と捉え方の線引きは、異文化間の衝突を理解するために用いられるD. I. E. メソッドの「描写（Description）、解釈（Interpretation）、評価（Evaluation）」の段階的な事象の理解からもヒントを得ています。このように記述を分けることで、出来事と自分の解釈を切り離し、

自身の感情に向き合いやすくしています。例として、ある日本人学生Dさんの記入例を挙げます。Dさんは、ほかに留学生2名（EさんとFさん）の3人グループでの活動のなかで、日本語でのコミュニケーションという意味で有利な立場にある日本人メンバーとして、まとめ役としての責任を感じているようでした。以下はグループでの中間発表を目前としたDさんのジャーナルからの抜粋です。

　　①中間発表に向けてグループで話し合っていた際に（Eさんと）何度か話がかみ合わないことがあった。おそらく、私ともう一人（Fさん）で話すことが多く、（Eさんを）置き去りにしてしまっていたと思う。
　　②私は時間がなくなってきて焦ると、メンバーのどちらか一方だけに多く話しかけて作業を進めようとする癖があるみたいで、そのせいで結局は円滑に進まず申し訳ないと思った。日本語母語話者としてもっと配慮しようと思った…

　Dさんは、ジャーナルの指示に沿って前半には出来事を記述し、後半にはこの出来事が起きた原因を自身の言動を分析し推察しています。このように出来事と解釈を区別することで、ジャーナルが「楽しかった」といった漠然とした感想や出来事だけの表面的な記述になってしまわないようにしています。また、出来事と解釈の区別を意識して区別することは、体験を通して生まれた感情に流されるのではなく、一旦、距離を置いて保留することを可能にします。

（2）時間をおいて考え直してみる

　毎回のグループ活動を通しての「今ここ」の気づきを書き留めておくジャーナルに加え、それらの個々の気づきを関連づけて筋道を立てて整理する機会として学期末の振り返りを最終レポートとして位置づけています。ジャーナルとレポート、この二つの省察活動は、相互補完的な役割を果たしています。これについては、Gさんの例を挙げます。日本人Gさんは熱心で責任感が強く、チームのリーダー的存在でプロジェクトの完成度とグループメンバー間の協力体制、両方について意欲的に取り組んでいました。グループではほかに日本人のHさん、中国からの留学生Iさんがいました。H

さんは、自律的な生活リズムを築くことに苦労していて、遅刻や欠席が目立つ人でした。そんななかで、GさんはHさんに対してもかなり寛容に接していました。しかし、学期末に向けてプロジェクトも佳境を迎え、グループで決めた分担内容を期日を過ぎてもやってこないことを繰り返すHさんに対し、Gさんの憤りが溜まってきました。そのとき、Gさんはジャーナルに以下のように書いていました。

　　実際に実施することが数多くある週で、その分、アクシデントも多かった。イライラしてしまうことも頻発して、あたりちらしていないか心配になった。いろんな人と何かをすると自分の許せる範囲や沸点を自覚する。

ジャーナルからはGさんが自身の感情に正直に向き合いつつも、他人を非難したくないという葛藤が伝わってきます。一方、これを書いた1か月半後の学期末レポートで、Gさんは自身のジャーナルを読み返し、この出来事を思い起こし、以下のように書いています。

　　…整理してみると、私は『調整したし、割り振った仕事は1人でできるものだろう』という先入観があったことに気づいた。私ともう1人は問題なく実行できていたが、相手の学生（Hさん）には助力を求めにくい状況になったのかもしれない。…自分だけでなく、メンバーの、そして全体のタイムマネジメントを可視化し、共有する必要があった。そして締め切りのアナウンスだけを伝えるのではなく、それぞれの進捗をきちんと確かめることが重要である。『割り振られたならば1人で終わらせる』という意識からの脱却が必要である。状況を共有して、助力を求める、あるいは申し出やすい状況を作るべきだったと思う。

ジャーナルでは「自分の沸点への自覚」についての記述にとどまっていました。それが、学期末の振り返りでは、なぜ自分は憤りを感じたのか、自分は何を相手に求めていたのか、相手はどう感じていたのか、ほかに方法はなかったのか、といった多様な角度からGさんはこの出来事を捉え直し、建設的な解決方法を見出そうとしている様子がうかがえます。

このように、受講者が学期中に書いたジャーナルと学期末レポートでは、

同じ出来事に対しても捉え方が変わってきていることが分かります。ジャーナルで書かれたものは個人的な記録として残すことができることから、「ジャーナルを読み返して忘れていた感情を思い出した」という声も聞きます。時間や別の出来事を経ることで、記録された自身の声に対して、少し角度をずらして向き合うことが可能になります。また、記録された出来事とその前後の出来事とのつながりを含め、連続的な経験として捉え直すこともできます。このような深い省察や学びの再文脈化は、書きことばの利点ともいえます。学期末レポートでは、学期中の活動の振り返りだけではなく、この経験を残りの大学生活や卒業後にどのように生かしていくのかも書きます。これにより、今学期の経験が過去のものとしてではなく、未来につながることをあらためて意識できる機会になると考えています。

　最後に、安心して自己を表現できる場にするために、ジャーナル活動に関する留意点について述べておきます。ジャーナルに限らず、感情を言語で表現することに関しては得手不得手があるもので、書けるところまででよいこと、無理に気持ちを整理して書く必要はないこと、その時は分からなくても後で意味が見出せる場合もあることについて学期始めに念を押しておきます。また、ことばではなく絵や色で表現する、または留学生の場合は日本語に限らず、表現しやすい言語や方法で自分自身が後で読んだときに思い出せる程度のメモとして記録しておくように勧めています。加えて、ジャーナル内容についての教師側の守秘義務や倫理的配慮の方法についてジャーナルに明記し、初日に口頭でも説明を重ねるようにしています。

4　実践の先に何を見つめているのか

　本章で紹介した振り返り活動や国際共修授業は、他者の話を聴き、違いを創造性につなげ、一緒に未来を創ることのできる人の育成を目的としています。多様性を認めることは、多くのジレンマや葛藤に向き合うことになり、実社会では面倒で効率の悪いものとされてしまうことも多々あります。しかし、分かり合えない難しさに直面しても、何かほかの方法や新しい発想を探るという姿勢が身についていれば、違いを越えた先を見据えることができます。従来の考え方に固執するのではなく、皆の幸せのために常にオルタナ

ティブな方法を見出す姿勢をもった卒業生が、それぞれの職場や地域コミュニティを変えていってくれると考えています。特に、この授業は日本語教師を目指している学生も受講することから、日本語学習者や言語文化的マイノリティの社会参画やエンパワメントを支援することができるような市民の育成も射程としています。

5　さらに学ぶために

末松和子，秋庭裕子，米澤由香子（編）(2019)．『国際共修 ── 文化的多様性を生かした授業実践へのアプローチ』東信堂．
　　留学生と学部生の学び合いを目指した国際共修授業について理論的枠組みや国内外の取り組みが紹介されています。

早稲田大学平山郁夫記念ボランティアセンター（編）(2016)．『体験の言語化』成文堂．
　　ボランティア活動やアクティブ・ラーニングなどの参加型学習と省察の関係について示されています。

文　献

北出慶子 (2010)．留学生と日本人学生の異文化間コミュニケーション能力育成を目指した協働学習授業の提案 ── 異文化間コミュニケーション能力理論と実践から『言語文化教育研究』9(2), 1-26.
末松和子，秋庭裕子，米澤由香子（編）(2019)．『国際共修 ── 文化的多様性を生かした授業実践へのアプローチ』東信堂．
Byram, M. (2008). *From foreign language education to education for intercultural citizenship: Essays and reflections* (Vol. 17). Multilingual Matters.［バイラム／山田悦子，古村由美子（訳）(2015)．『相互文化的能力を育む外国語教育 ── グローバル時代の市民性形成をめざして』大修館書店.］
Kolb, D. A. (1984). *Experiential learning: Experience as the source of learning and development.* Prentice-Hall.

9章 移住者のデジタル・ストーリーテリング

多様な人々の物語に耳を傾け分かち合う地域社会をめざして

矢部まゆみ

　毎回違う人、子どもから大人まで、自分の作った作品を見せて、毎回やっぱり、自分の心、強くなって。自分のため、自分の子どものためにだけではなく、周りの人とも、私みたいな外国人の方とも、協力しないといけないかな。もうちょっと日本語勉強しないといけないかな。できるだけ自分の希望を超えて、周りの人、助け合いをしていきたいなと思います。

(ブラジル出身サンドラさん「DST作品上映と対話の会」後のミーティングで)

　どんなに厳しい状況でも決して諦めずに新たな国で生活していったお二人は本当にすごいと思った。そして彼らのように日本で暮らす外国とつながりをもつ方についての考えが大きく変化した。私はもっと外国とつながりをもつ方に対して積極的に話しかけ、彼らの孤独や不安を少しでもなくしたいと思った。

(大学生Aさん「DST作品上映と対話の会」参加レポートで)

1　対話で紡ぐデジタル・ストーリーテリング

　デジタル・ストーリーテリング（以下DST）は、人々が対話を通して経験や思いなどを物語に紡ぎ、写真と自分の声でのナレーションを組み合わせてスライドショー形式の数分の短い映像作品を作る活動です。上記のことばは、地域に暮らす外国につながる人々が日本語教室でDST作品をつくり、その作品を地域の人々といっしょに見て対話をする「DST作品上映と対話の会」のあとで、作品制作者と視聴者がそれぞれに述べたものです。

　DST発祥の地である米国カリフォルニアで1994年に創設されたThe Center for Digital Storytelling（CDS：2015年にStory Centerに改称）は、「誰にでも語るべき物語がある」という理念に基づき、"Listen deeply. Tell stories."（深く聴く、物

表9-1　CDS の基本モデルに基づくデジタル・ストーリーテリング（DST）活動の内容・手順

①ストーリーサークル	参加者が車座になって自分の物語の案を語り合う。お互いにじっくりと話を聴き合い、質問をし、感想を述べ合うなかで、新たな視点やアイディアも得られ、それぞれの物語が練り上げられていく。
②ナレーション台本作成、録音	物語をナレーション原稿にまとめ台本にし、自分の声で読み上げて録音する。
③映像編集	この録音と組み合わせる写真の画像を準備し、編集ソフトを使ってスライドショー形式の動画にする。
④上映会	参加者がともに物語を視聴し、語り合う。

語る）を合言葉に、マイノリティのエンパワメント、医療福祉など幅広い領域で活動を展開しています（Lambert, 2013, pp.25-36）。CDS が創出した DST の理念と手法は、日本にも 2000 年代後半に伝わり、教育、福祉、まちづくり、地域文化の創造・継承など、さまざまな分野に広がっています。CDS が提示している基本のモデルに基づくと、多くの場合、DST はおよそ表9-1 の①〜④のような内容・手順でファシリテーターの介助のもと対話を通して紡がれていきます[1] (Lambert, 2013, pp.70-84)。

　経験や思いを物語り、誰かがその声に耳を傾けてくれることは、一人の人間としてその存在が認められることを意味するでしょう。物語を分かち合うことで人と人がつながり、理解し合う出発点となります。同じ地域コミュニティに暮らしている人、隣にいる人、それぞれが物語をもっているはずですが、日本語を話す人同士でも、お互いに物語を分かち合う機会は実はそう多くありません。ましてやことばの壁があればなおさらです。

　移住者などがことばの壁によって思いや経験を表現することができないでいるとき、その思いを声にするために一緒にことばを探して紡ぐこと、その声や語りに周囲が耳を傾けて聴くようにつなげること、そこから自分らしさを確認し、人とつながり、力を発揮していけるようにすることは、多文化社会のなかでの日本語教育の核心的な役割である、と私は捉えています。そのようななかで、DST が作品を作る過程でも「聴く」「聴かれる」という行為を生み出すだけでなく、作った後にも作品を媒介としてより多くの人に制作者の物語が聴かれる場や新たな対話の場を生み出す仕掛けとなることに注目してきました。

2 DSTとの出会い

　私が初めてDSTに出会ったのは、ブラジル出身日系三世のサンドラさんが作成した「子育ての孤独」という作品を、2014年2月に横浜市国際交流協会で視聴させてもらった時のことでした。この作品は、同協会の運営する施設で実施された多文化共生イベントのワークショップにサンドラさんが参加して作成したものでした[2]。当時私は同協会において地域の在住外国人に対する日本語教育の体制作りや、教室プログラム検討の事業に携わっており、それと並行して大学での日本語教育や、日本語学校の日本語教師養成講座の授業も担当していました。こんな活動があるという紹介で見せていただいたのですが、本人の声での語りと写真が組み合わされた動画からサンドラさんの思いが胸に迫り、自身も日本語教育の実践にDSTの作品作りを取り入れてみたいという希望とともに、作品に込められた声をより多くの人に届け分かち合いたいという思いを抱きました。そしてまず、サンドラさんの思いや経験を講座などで忠実に伝えるため、私自身が直接会ってインタビューをして話を聴かせてもらいたいとお願いしたところ、サンドラさんとDST作品を一緒に見ながら深く語り合うことができました。そこから、日本語学校での教師養成講座、地域の支援者育成講座のほか、市内の中学校への出前授業などで、この作品を上映し視聴者と話し合う場をつくることに取り組むようになりました。

　時期をほぼ同じくして、川崎市の市民館でも2014年6月からDSTのワークショップが始まりました。特定非営利活動法人教育活動総合サポートセンターが実施していた「ともに学ぶ日本語学習支援事業」（文化庁「生活者としての外国人」のための日本語教育事業地域実践プログラム受託）の一環でおこなわれていたものでした。サンドラさんはここで2作目「私の子供時代」と3作目「私と子供のDREAM」のDST作品を作りました[3]。この事業を立ち上げ、事業全体のコーディネーターを担っていらした池田恵子さんは、長年、川崎市内のボランティア教室で識字・日本語学習活動を続けていて「学習者の主体的な学びや学習意欲を喚起するような自己表現活動で、さらに地域住民にその声を届けて相互理解を深めることのできる活動を模索していたところDST

に出会った」といいます[4]。「自己を語ることは人生そのもの」として自己
物語の再構築の支援の重要性を捉え（池田，加藤，2018，p.35）取組を進めてい
ました。2017年までの3年間に本事業の活動のなかで作られた作品はサンド
ラさんの2本も含め合計40本になり、2018年の事業では新しい作品作りはせ
ずに「思いを伝えて地域につなげるプロジェクト」として、これまで作られ
た作品を活用して対話会を開く活動を進めることになりました。私は本事業
に2018年度の運営委員として携わり、同年12月実施の「DST作品上映と対
話の会」（以下、上映会）の企画を担当し、会全体のファシリテーターを務め
ることになりました。

3 「DST作品上映と対話の会」のファシリテーション

(1)「複数の言語・文化の間で生きる」をテーマに

「思いを伝えて地域につなげるプロジェクト」の目標は「外国につながる
子どもたちや保護者、外国人市民が制作したDST作品の上映会・対話会を
実施し、外国人市民などの抱える課題を共有し、広く地域住民に多面的な地
域日本語教育および支援の必要性を共有し理解を促す」ということでした[5]。
外国につながる人々の「課題」というとき、「困りごと」を取り上げること
を考えがちですが、それ以前に「お互いの存在を知り、話をする機会がない」
ということ自体が「課題」であるともいえます。お互いの「物語」を知る機
会がないのです。そこで、個々に多様な言語文化をもっている人たちがいる
こと、どのような経緯で移住・来日し、どのような思いをもって暮らしてい
るかについて、物語を通して分かち合うことに意味があると考えました。池
田さんと話し合い、日系ブラジル人のサンドラさんと中国帰国者の猿田勝久
さんが[6]、日本に来る前と来てからの物語をそれぞれにDST作品にしている
ことに注目し（表9-2）、「複数の言語・文化を生きる〜中国帰国者と日系ブラ
ジル人の個人の声を聴く」というテーマ設定で、参加者と制作者がこれらの
作品を一緒に観て経験・思いを分かち合い、話し合う場をつくる企画を立て
ました。

表9-2　上映作品の概要

作者	舞台	タイトル	内　容
サンドラさん	ブラジル	私の子供時代	ブラジルでの幼少期の遊び。凧揚げ、グアバの木。祖母が作ってくれた沖縄料理。サンパウロで日本語学校に通い、習ったひらがなで日記を書いたら先生は理解できなかった。家で日本語だと思って話していたことばは「沖縄語」だった。「日本の文化も伝えてくれた家族、特におばあちゃんに感謝します」
	日本	私と子供のDREAM	2人の娘はブラジルと日本の両方の文化を身につけることができた。子育ては試行錯誤だったが、くじけず、自分は娘たちを守っていく。力になっていく。娘たちが良い大人になるため、夢がかなうようにするために。
猿田さん	中国	波乱万丈私の人生	終戦2か月前、2歳の時に満蒙開拓団の家族として中国に渡る。家族を次々に亡くしたなかで養父が育ててくれた。望郷の思いを抱き続け日本へ帰国するまでの壮絶な人生。二度と戦争のない平和な世界を願う。
	日本	日本語を学んで日中の懸け橋に	中国から日本へ帰国してすぐに働き始める。職場でことばの壁に苦労しながら、いつも辞書をもち歩き、日本語を独力で学ぶ。電気工事士やボイラー技師など各種免状を手にする。支えてくれた人々に感謝。自らもボランティアで貢献したい。「希望の種を撒いていきたい」

（2）移住者と接点のない人にこそ参加してもらいたい

　上映会の企画にあたって特に腐心したのは「いかに一般の地域住民や若者の参加を促すか」ということでした。これまではDST作品制作の後に制作者同士が作品を鑑賞し合うことも含めて上映会をおこなっていたため、制作者や関係者が参加者の中心でした。ですが、外国につながる人々と普段接点が無い人にこそ、その声を聴いてもらう機会を作ることが大切です。一方で、私は勤務先の大学で「多文化共生社会におけるコミュニケーション」をテーマとした教養教育科目の授業を担当しており、学生たちに在住外国人などの声を直接聴く場を与えたいと考えていました。そこで、いくつかの多文化共生関連のイベントをリストにし、その中から一つ以上選んで参加しレポートを書く課題を授業のなかで設定し、このリストに上映会を加えました。授業内でサンドラさんの1作目を見せ、「続きの2作目・3作目を上映会で観て、実際にサンドラさんと会って直接話をしよう」と奨励しました。

　また、会場は「神奈川県立地球市民かながわプラザ（あーすぷらざ）」（指定

管理者：公益社団法人青年海外協力協会）との共催で確保でき、施設のネットワークを生かして地域への広報協力をしてもらうことができました。

（3）プログラムの実際

当日のプログラムは、表9-3のように進行されました。

この日、会場には48名の参加者が集まりました。地域の日本語教室のボランティア、学校教育・行政関係者、地域住民などのほか、大学生の参加が15名ありました。猿田さんはDSTの上映後、自分が「片時も離さず」もち歩いた重さ2キロの辞書の現物を見せながら、日本帰国後のことばの壁との格闘を話してくれました。猿田さんは日本語を学ぶために川崎の池田さんの教室の他にも複数の地域のボランティア教室に通っています。中国帰国者および外国につながる人々と「ともに学び、楽しむ」気持ちを大切に横浜で長年活動している「ユッカの会」の中和子さんにも、取り組みや思いについて語っていただきました。

サンドラさんは、参加者からの質問に応じて、ハグの習慣についてユーモラスなアクションも交えて話し、会場を盛り上げました。そして、ずっとこのブラジル式の挨拶を人前ですることを嫌がっていた娘が、ある時から「これはお母さんの大切な文化だから」と友達の前でも毅然と言うようになったエピソードを語りました。対話セッションではグループに分かれて、二人の話について各参加者が印象に残ったことなどを自分の経験にも引きつけながら一人ずつ語り、共有しました。

（4）DST作品の視聴と対話が参加者にもたらすもの

サンドラさんと猿田さんのDST作品および、会場での直接の語りは、このような場に初めて参加した大学生に何をもたらしたのでしょうか。参加者にはどのような変化が起きたのでしょうか。大学生らのイベント参加レポートの記述から読み取れるのは、まず、物語から具体的な人物の経験や思いをリアルに身近なこととして感じ、共感と敬意が生まれていることです。

　今まで私は中国帰国者や日系ブラジル人ということばは知っていたが、実際

表9-3 「DST作品上映と対話の会」進行の概要

<table>
<tr><td>

デジタル・ストーリーテリング（DST）作品上映と対話の会

複数の言語・文化の間で生きる～中国帰国者と日系ブラジル人の個人の声を聴く～

〔2018年12月16日（日）13:30 ～ 16:00開催〕

進行の概要

1. 開会あいさつ、趣旨説明

2. 猿田勝久さん（横浜市在住、中国帰国者一世）の経験と思い：

    ①作品上映「波乱万丈　私の人生」「日本語を学んで日中の架け橋に」

    ②補足説明Q&A（近くの席の人2～3人で3分ほど話してから全体で共有）

3. 中和子さん（ユッカの会代表）のお話：

    「Life（生命・生活・人生）を支える活動とことば」

4. サンドラさん（横浜市在住、ブラジル出身、日系三世）の経験と思い：

    ①作品上映「私の子供時代」「私と子供のDREAM」

    ②補足説明Q&A（近くの席の人2～3人で3分ほど話してから全体で共有）

5. 対話会：参加者を4グループに分け、グループ・ファシリテーター2名（主・副）ずつ配置し進行。

    自己紹介→感想（付箋に記入し話しながらボードに貼る）→ボード上でコメント整理→全体共有

</td></tr>
</table>

図9-1 「DST作品上映と対話の会」チラシに掲載したDST作品中の画像

にどのような苦労をされてきたのかについては知らなかったし、考えたことも
なかった。今回の会を通してこのような方々が大変な苦労をされてきて、職場
などで言葉の壁を乗り越えてきた強い方々だと感じた。　　　　（大学生Bさん）

　猿田さんは、50音もわからないまま社会へと出て、言葉の壁、生活習慣の違
いに苦しみながらも、日本語を上達させていった。一方、サンドラさんは、沖縄、
日本、ブラジルの3つの文化に触れてきた方で、二人の娘をもつお母さんだった。
娘さんたちとは、日本語でもポルトガル語でも会話をし、3つの文化すべてを大
切に彼女たちに伝えていっているとのことだ。娘のためなら何でも一生懸命頑
張る事のできる、素敵なお母さんの印象を受けた。お二人が行ってきたことは、
簡単にできることではないと思う。　　　　　　　　　　　　　（大学生Cさん）

さらに、地域の人たちとの対話を通して、大学生が自分の在り方を見つめ
直すきっかけや、新たな視点を得ていることもうかがえます。

　サンドラさんは、なぜ自分のことよりも娘のことを優先できたのか疑問に思っ
た。だが、この質問は、ほかの参加者であるディスカッションを一緒にしてい
た大人の女性が教えてくれた。あなたのお母さんもきっと同じように、あなた
を自分よりも大切にしているだろう、と。私には子どもがいるわけではないの
で、母親の気持ちや母親の強さ、どういう気持ちで生きているかなんて分かっ
ていなかった。なんだか、甘えていたと思った。私が本当にすごいと思うとい
う言葉を言ったら、サンドラさんは嬉しそうにしていた。サンドラさんはとて
も優しいのだろうなと思った。話し方から子どもたちを愛している気持ちが伝
わった。　　　　　　　　　　　　　　　　　　　　　　　　（大学生Dさん）

　対話セッションの時に、大人の方の発想を聞いたことはすごく刺激になった
のと同時に、自分はこの程度しか考えられないのかと思い、少し無力さも感じた。
グループの中では、日本で彼らが住むうえで私たちはどうしたらいいのだろう
という話になって、受け止める側が重要になってくるんだという意見や、やさ
しい日本語を使うこと、自分たちがもっと多言語を学んでいくべきだというこ
と、日本人にしかわからない暗黙のルールはやめようということではないかと

討論しあった。いろんな国に行った経験がある方からは、このような話し合いで発言しないのがまさに日本人であるから、そういう消極的な姿勢をやめていくべきとの意見もあり、自分一人では考えもつかない発言もあって、今回このイベントに参加して、お二人の経験や生きていくうえでお手本にしていくべき姿勢はもちろん、自分自身を見つめ直すことにもつながった。　（大学生Eさん）

　このようなイベントを通して学べることがたくさんあることも実感できた。市民センターやコミュニティセンターのような場所でこういったイベントが開講されていることは知っていたが、今まで勇気がなくて参加できなかった。しかし、今回参加してみると思っていたよりも堅苦しくなく、地域の人々とも会話できるいい機会だと思った。また、イベント参加後に充実感を味わうこともできた。だから、これから先はあーすぷらざのような施設のホームページをチェックして、この授業の友達と一緒に参加してみたい。　（大学生Fさん）

　地域の人と物語を分かち合う充実感を味わい、今後もこのような会に積極的に参加してみたい、という意識の変化が生まれています。物語を通して地域の人々がつながり、そこからまた新しい物語がつながっていく可能性をみることができます。

（5）視聴者／聴き手の存在・反応が、語り手にもたらすもの

　語り手にとって、自分の物語について聴き手（参加者）から直接に共感や敬意を示されることは、自分がやってきたことへの自信と、自分が他者に影響を与え社会を変えていく力があるという気づきにつながります。そして引き続き「自分たちの状況を見直し発信していこう」という意欲も生まれます。本章の冒頭のサンドラさんのことばは、このような参加者の共感や敬意の声を直接聴き、会場の反応を体感して、会の終了後、当日のスタッフミーティングで発せられたものでした。猿田さんも、この会のために打ち合せを重ねて準備してきたことを振り返りながら、「先生（＝ファシリテーター）と、2か月前から進行シナリオを作って、メールでやりとりしながら何回も直して、今回、すごくいい勉強になりました。こんなに準備して、私の話が、この会場の40名の人の何人かの心にしみる。これからまだもっともっと頑張らな

きゃいけないって、そういう気持ちになってるんです」と述べていました。

　お二人とも、自分や家族のためだけではなく、社会のほかの人々のために自分が伝えられることを伝えたい、という思いが、上映会などで話をするたびに沸き上がるといいます。そのために日本語を身につけたいという気持ちになるし、DSTを作ったりDSTを見せながら話したりすることで日本語の力がつくと感じているということも、この会の後で池田さんと私がおこなったインタビューで繰り返し述べられました。DSTの作品が媒介となって、新たにさまざまなところから「話をしてほしい」と声をかけられ、発信の場、社会参加の場が広がっています。

　ここで強調しておきたいのは、制作者本人が作品上映の場に主体的に参加し、参加者と共に作品を視聴し、参加者から質問に答えたり自分自身の思いを述べたりすることの意味です。同じ経験についても、あらためて語る機会があることで本人の捉え方は変わってくるため、作品を拠り所に「今の自分」を語ってもらうことが可能になるのです（矢部，池田，2019）。DST作品は、本人がいなくても上映すること自体は可能です。また、ウェブ上にアップロードすれば、時間や空間を超えて、より多くの人に視聴してもらえる可能性もあります（小川，2016など）。ですが、私たちの実践では、オンラインでの作品の公開はあえておこなわず、リアルな対話の場でこその「物語の分かち合い」と、そこから生まれるエンパワメントを大切にしてきました。

4　実践の先に何を見つめているのか

　この実践の先に見たいものは、お互いの物語に耳を傾け合い、分かち合える地域社会です。物語には「共感」「一体感」を生む力があります。相手のことを自分ごととして捉え、わかり合う道を拓きます。社会的な分断への懸念が高まる昨今、「多様な人々を包摂する社会の創造をナラティブで！」という目標を基底に、物語を分かち合う社会的実践の活動のなかに言語教育（日本語教育）が織り込まれていくことを考える必要があるのではないでしょうか。日本語を母語としない人を含めつつ、より幅広く多様な人々のナラティブをつなぐ担い手として、日本語教師が何をするか。それが問われている気がします。

5 さらに学ぶために

小川明子（2016）．『デジタル・ストーリーテリング ── 声なき想いに物語を』リベルタ出版．
　　DSTの理念や手法、発祥の経緯、世界各地・各分野への広がりの様相、ナラティブ・アプローチとのつながりなどについて包括的に知ることができる一冊です。筆者自身が取り組んできた「メディアコンテ」（https://mediaconte.net/）というDSTのワークショップ・プログラムについても具体的に紹介されています。

當作靖彦（監修）・李在鎬（編）（2019）．『ICT × 日本語教育 ── 情報通信技術を利用した日本語教育の理論と実践』ひつじ書房．
　　同著内の半沢千絵美ら「デジタル・ストーリーテリング（DST）を用いた活動の可能性 ── 多様な日本語教育の現場から」のなかで、地域日本語学習支援の場での実践のほか、外国人集住地域にある中学校でのプロジェクトや、留学生を対象とした日本語の授業での実践が報告されています。

注

1) 実際の実践は、対象者や現場の状況に合わせて、さまざまなバリエーションが試みられています（小川，2016；半沢ら，2019など）。
2) 由衛（2013）にこのワークショップについての記述があります。
3) 横浜、川崎、いずれの活動も、DSTの活動に取り組む研究会（任意団体）である「デジタル・ストーリーテリング研究所」の代表、小澤真人さんらの協力を得ていました。
4) 2018年12月の「上映と対話の会」趣旨説明のスピーチで池田さんの思いとして述べられました。また半沢ら（2019）のなかに、加藤・池田による報告（第4節「実践3: 地域日本語学支援事業における実践」）に記述があります。
5) 「外国につながる」とは、国籍が外国か日本かにかかわらず、本人や家族が国を移動し言語的、文化的に外国につながる背景を有することを示す表現として、ここでは用いています。
6) DST制作者の名前は、本稿においては本人の希望に基づき「サンドラさん」「猿田（勝久）さん」と記載しています。

文　献

池田恵子，加藤真帆子（2018）．帰国生徒に対する日本語学習としてのデジタル・ストーリーテリング活動の実践．イマ×ココ編集委員会（編）『言語教育実践イマ×ココ No.6 —— 現場（イマ×ココ）の実践を記す・実践を伝える・実践から学ぶ』(pp.34–39) ココ出版．

小川明子（2016）．『デジタル・ストーリーテリング —— 声なき想いに物語を』リベルタ出版．

半沢千絵美，矢部まゆみ，樋口万喜子，加藤真帆子，池田恵子，須摩修一（2019）．デジタル・ストーリーテリング（DST）を用いた活動の可能性 —— 多様な日本語教育の現場から．當作靖彦（監修），李在鎬（編）『CT×日本語教育 —— 情報通信技術を利用した日本語教育の理論と実践』(pp.122–136) ひつじ書房．

矢部まゆみ，池田恵子（2019）．自己物語の作品を媒介とした対話の場の連鎖と広がり『2019年度日本語教育学会春季大会予稿集』(pp.381–386) 日本語教育学会．

由衛英樹（2013）．映像による「物語」制作と対話による自立支援 ——「共感」から「行動の変化」へ．『自治体国際化フォーラム』288, 36–37．

Lambert, J. (2013). *Digital storytelling: Capturing lives, creating community* (4th ed.). Routledge.

10章 対話を通して「対話の力」を学ぶ

日本語教育におけるヒューマンライブラリーの試み

宮崎聖乃

> 自分に問い掛けて、心の奥底にいる自分を知ることは、誰にとっても非常に難しいと思います。また、自分自身のいろいろなことについて他人に打ち明けることもそうだと思います。これらのことができる人はとても素晴らしいと思います。
>
> （留学生）

ヒューマンライブラリー（以下HL）は、対話を通して**相互理解を深め**、差別と偏見を低減し、**多文化共生社会の実現**を目指す取り組みです。身体的、精神的ハンディキャップをもつ人、性的少数者、難民などさまざまな人が「**本（語り手）**」となり、「**読者（聞き手）**」とともにテーブルに着き、対話します。

　上のことばは、授業でおこなわれたHLに参加した留学生の感想です。半年、または1年という限られた期間を日本で過ごす留学生の授業に、日本の社会に暮らすさまざまな人々との**対話の場**であるHLを取り入れることで、対話によって他者と自分に対する理解を深めていくプロセスを体験してほしい、そんな思いからこの実践を始めました。

1　ヒューマンライブラリーと「対話の力」

　HLは民族間の対立が激化していたデンマークで2000年に若者たちによって始められた取り組みです。自分と違う立場、状況、価値観の他者の語りを聞き、対話することによって、相互理解を深め、さまざまな人が暮らす「私たちの社会」について考える機会を創出します。HLでは開催会場をその名の通り「図書館」になぞらえています。これは、この対話の場が、図書館のように安全で、平等で、参加者を傷つけないという大原則に支えられているからです。語り手は「本」と呼ばれ、集まった人々（聞き手＝「読者」）ととも

にテーブルに着き、親密な距離で対話をおこないます。

HLの大まかな流れは、以下の通りです。

① 会場に数名から数十名の「本」が集まる。
② 来場した一般参加者（「読者」）は配布されたブックリスト（参加する「本」の
　　タイトルや語りのあらすじが書かれたリスト）を見て、自分の読みたい「本」を
　　選び予約する。
③ 1名の「本」につき「読者」1〜3名程度がテーブルに着き対話をおこなう。
　　「本」が自身について語るだけでなく、お互いに質問をしたり、意見や感想
　　を述べたりできる。
④ ②、③を繰り返す。

　この取り組みは、ヨーロッパや北米を中心に広がり、現在では世界各地の
100以上の国々で開催されています。日本では2008年12月、東京大学先端科
学技術センター中邑研究室によって京都で初めて開催され、現在、大学など
の教育機関や地方自治体、市民団体などが主催者となって、たくさんのHL
がおこなわれています。日本ヒューマンライブラリー学会のホームページ
（http://www.humanlibrary.jp/conference/）によると2019年8月までにおよそ150回以
上開催されたと推測されています。

　共生社会を考える市民活動として始まったHLは、教育の場においても、
対話を通して「**自分と異なる他者**」への関心や理解を深め、社会の多様性
について考える教育実践として、また学生自身が主催者となって、対話を通
して社会を考える機会を創出する教育実践として取り入れられています。

　HLは語り手と聞き手が対面して直接対話するというとてもシンプルな活
動です。しかし、そこでおこなわれる対話では、語り手の自己開示に基づく
語りと、その語りを聞き、目の前にいる人そのものを理解したいという聞き
手の真摯な思いが交差しています。語り手にとっても、自分自身を理解して
もらうために、聞き手の思いや考え、立場を理解することが必要になります。
HLでは、対話、すなわち積み重ねられる語りと問いによって、互いに対す
る理解が深まり、さらには自分自身への振り返りへとつながっていきます。

　誠実な語りと問いを繰り返すことによって、立場、状況、価値観といった

違いを超えた相互理解が得られること、そして他者を理解することが自分への振り返りへとつながっていくこと。これが「**対話の力**」だと考えています。

　目の前にいる「自分と異なる他者」に対する理解を深めていく体験は、相手に対する固定観念や偏見を低減するだけでなく、実際に出会ったことはないけれども、確かに私たちの社会に共に暮らしている「自分と異なる他者」に対する想像力を育むと思います。

2　日本語教育におけるヒューマンライブラリーの実践

　私は日本語教育に携わるかたわら、市民活動としてHLを実践してきました。それまで留学生に語り手としてHLに参加してもらったことはありましたが、大学で新たに「アクティブ日本事情」という科目を担当することになったとき、今度は留学生を聞き手とし、学外から語り手を招いたHLの実践をおこなおうと思い立ちました。

　この科目は短期（半年および1年）留学生を対象に「学内外におけるアクティビティを通じて、応用的な日本語能力の取得を目的」として開講されたものです。私はより具体的に「日本の文化や社会に対する理解と関心を深める」こと、「異文化について学ぶことで自文化に対して客観的に見ることができるようになる」こと、「多様な日本語話者と日本語によるコミュニケーションをおこなうことで、実践的な日本語コミュニケーション力を身につけ協力的なコミュニケーションができるようになる」ことを目標として設定しました。そして、日本社会に暮らす生身のさまざまな人と実際に出会い、思いやりをもって対話を重ねて相互理解を深め、他者を理解しようと努めることが、自分への振り返りへとつながっていく教育実践としてHLを導入することにしました。

　この科目は、週1回90分の授業が15回というほかの日本語科目と同じスケジュールですが、ほかの語学科目と違って日本語力による受講制限がありません。おおよそ日本語初級後期（母国で200～300時間程度の学習歴）の学生から日本語能力試験の最上級であるN1をもつ学生が毎学期10～20名程度、同時に受講しています。また学生の母語も中国語、韓国語、英語、フランス語、タイ語などさまざまです。

HLの実践にあたっても、共通の言語は日本語だけであり、学生にとって普段あまり触れることないトピックについての語りを理解できるように、また新たな偏見や固定観念を生むことにならないように、準備する必要があります。学生の文化的・社会的背景の多様さについても配慮が必要です。少人数での対話の場であるHLでは、聞き手によって傷つけられるのは語り手だけでなく、同じ席についている別の聞き手であることも考えられるからです。普段の日本語の授業であれば表明されることの少ない、性的少数者や身体的、精神的にハンディキャップをもつ人々などへの考え方の違いによって、語り手だけでなく聞き手のなかにも傷つく人が出ないように準備をしていく必要がありました。そのために、HL実施の前に授業のなかで、価値観の違いや多様性をテーマとしたディスカッションや学外での見学をおこないました。

　担当教員として危惧することも多かったのは事実ですが、一方でこれまで市民活動として実践してきて、当事者の「伝えたい」という強い思いと、目の前の人を「理解したい」という真剣な思いが交差するHLの場の力を実感してもいました。何よりこの体験が学生にとってほかでは得がたい経験になることを信じ、ある年、全15週の授業の11週目に、授業の一環としてHLをおこなうことにしました。以下はその際の授業概要です。

(1) 履修者

　履修者は短期留学生十数名で、母語は中国語、タイ語、英語です。学期開始時にすでに日本語能力試験N1を取得、あるいはN1相当の学生が3分の1、N2相当が3分の1、N3とN4相当が合わせて3分の1（いずれも学期開始時のプレースメントテストに基づく）という構成でした。

(2) ヒューマンライブラリーの準備としておこなったこと

「日本の若者」「日本での生活」などをトピックとしたビジターセッション

　ここでおこなったビジターセッションは留学生対象の授業の3週目にビジターとして日本人学生を招き、ディスカッションやアクティビティを通して、異文化について理解を深めることを目的とした活動です。文化や社会が価値観の形成に与える影響や、価値観・倫理観の多様性について、身近な人々とともに気づき、考えることを目的としました。

学外活動「住宅設備機器ショールーム見学」

さまざまな人々の暮らしを考えてもらうために、トイレや浴室、キッチンといった住宅設備機器のショールームの見学を6週目におこないました。技術がただ便利さを追求するだけのものではなく、高齢者や障害をもつ人たちの日常生活をどのように支えるかということを学び、「自分と違う人たち」の生活について考える機会としました。

ヒューマンライブラリーの紹介

第1週と第9週でHLの紹介をおこないました。第1週では①HLとは何か、②世界的な広がりと実際の開催の様子、第9週には、再度①に加えて、③参加者（「本」「読者」「主催者」）について、④当日の流れと会場の様子について、写真や動画などを使いながら説明をおこないました。

（3）ブックリストの読解と予定表の作成

通常のHLでは、開催の際にブックリストと呼ばれる語り手についての資料を配布します。このブックリストには、語り手の「本」としてのタイトル、作者名、あらすじが記載されており、聞き手はこのブックリストを読んで、聞きたい語り手を選びます。この授業では、学生がゆっくり読んで理解できるように第10週にブックリストを配布しました。記載された内容は、語り手自身が考え、綴ったものです。できるだけ先入観や固定観念をもたずに臨んでもらうために第10週の授業では語り手に関する詳しい説明は避け、記載された内容について、語彙などの意味の確認のみにとどめました。

また、3回の対話時間を設定し、それぞれの学生がどの順番で、どの語り手と対話するかがわかるように名前を記入した表を作成しました。

（4）ヒューマンライブラリー実施

この授業におけるHLの具体的な流れは表10–1の通りです。1回の対話時間は25分、1名の語り手に対する聞き手の数は7名までとしました。3回の対話時間を設定したので、学生は全員が3名の語り手の話を聞くことができますが、3〜7名の小グループを作り、グループごとに移動するという方法にせず、毎回同席する学生が変わるようにしました。これは、学生間での考え方の違いに気づく機会も増やしたいと考えたからです。

表10-1　実施の流れ

1	事前アンケートへの回答（語り手、学生）：5分
2	1回目の対話：25分 休憩（語り手）と席の移動（学生）：5分
3	2回目の対話：25分 休憩（語り手）と席の移動（学生）：5分
4	3回目の対話（25分）

＊事後アンケートは翌週の授業で提出

（5）ヒューマンライブラリー後

　HLでの対話を振り返り、「自分ごと」として捉え直し、さらに他者へ発信することを目的として、HLの翌週に、それぞれの国の社会的マイノリティの現状について、ディスカッションをおこないました。「よく知らない」「わからない」という学生も多い一方で、家族や友人に性的少数者がおり、その経験を語る学生や、移民や外国人としての自らの経験を語り始める学生もいました。また学期最終週には、これまでの学びを振り返って自分でテーマを決め、ポスター発表をおこないました。性的少数者や少数民族、移民や国際結婚といったテーマで自国における社会的マイノリティの問題を取り上げたものや多様な文化背景をもつ人々に目を向けた発表がありました。

3　ヒューマンライブラリーで学生と語り手が得たもの

　本授業の語り手（「本」）は、私がかかわってきた「ヒューマンライブラリーNagasaki」の参加者です。ここでは授業で実際に配布した3名のブックリストを紹介します（ウェブ上でも公開されており、本稿の執筆にあたって掲載の許可を得ています）。授業では総ルビと、必要に応じ英語訳を付して配布しました。ブックリストはそれぞれの語り手の「作者名」「本のタイトル」「あらすじ」によって構成されていて、いずれも語り手自身が綴ったものです。

1：義足生活者「足を失った日から」

　事故で足を失った日から今日まで… 五体不満足になるということ。困難や葛

藤。さまざまな感情。どんな風に考え生きてきたかを赤裸々に語ります。皆さまのご質問にもお答えしたいと思いますので、疑問に思うことはぜひ聞いて下さい。

2：難病　何？病？「今も生きてます！」

子どもの頃から今日まで、今現在も付き合っている「先天性副腎過形成」という持病。病気というのは誰でも避けたいことでしょうが付き合っているからこその人生をお話しできればと思います。難しい言葉は使いません。話している最中でも質問は受け付けます。楽しい時間を過ごしましょう！

3：元ショーパブダンサー／ニューハーフ「ありのままに生きること」

自らを否定しながら過ごした青春期。心のバランスがうまく取れなくなり、自分が自分であるために故郷を逃げ出すことを決意した25歳。しかし飛び込んだ世界はまるで異世界。無我夢中で乗り越えた新人時代。演じる喜びを知った全盛期。演者から作り手に関わり、価値観が変わった30代後半。平凡に憧れながら、非凡に生きた40年を読んでいただけたら嬉しいです。

この語り手たちを前にして、学生たちはどんな気持ちで対話に臨んだのでしょう。直前のアンケートによると、半数以上の学生が期待や興味といった回答をしつつも緊張や不安といった答えも半数に上りました。また語り手に対する尊敬や感謝を表した学生もいました。一人の学生が複数の回答をしている場合も多く、語り手を目の前にして期待や不安、さまざまな思いが交錯しているのがうかがわれました。一方で語り手たちも同様に不安や緊張を感じていたようでした。アンケートによるとその理由は主に言葉の壁や、外国人と接した経験が少ないことでした。語り手、聞き手双方が互いに普段接することの少ない人との対話を前に、少なからず緊張と不安をもって臨んでいたことがわかります。

HLでは、対話がおこなわれている間、そのテーブルについていない人は対話の内容について知ることができません。聞き手と語り手の間でどのようなやりとりがおこなわれ、どのように相互理解が深まっていったのか、あるいは深まらなかったのかを直接知ることはできませんが、全ての対話が終了

した後に学生たちにおこなったアンケート調査の結果は、学生たちが聞き手の語りに何を感じ、何を得たのかを示しています。アンケート調査の結果から見えてくるのは①語り手や語りの内容に対する肯定的な感想や**共感**、②**多様性への気づき**、③**自分への振り返り**です。

　対話の前は、期待と同時に不安と緊張を感じていた学生たちですが、「また参加したいですか」という問いに対して全員が参加したいと回答しました。また語り手や語りの内容に対して、多くの学生が「強い」「フレンドリー」「頑張っている」「元気」「面白かった」「楽しかった」「勉強になった」「心が強くなった」といった言葉で回答し、「『本』の人の気持ちがわかりました」「悲しさや辛さなどの気持ちを感じられるような気がする」という共感を述べた学生もいました。さらに「いろんな人間がいる」といった回答に代表されるような多様性への眼差しや自分らしく生きることについての回答も見られました。

　これらの回答は、ほとんどが日本語で書かれており（英語による回答も一部あり）、自分の意見や感想を十分に説明することは多くの学生にとって簡単ではなかったと思います。しかし、回答のほとんどは単語や一文だけではなく、複数の文を連ね、みな苦労しながら真剣に回答したことがうかがわれました。HLにおける語りは、参加したどの学生にとっても、努力なしに容易に理解できるものではなかったと思います。しかし、学生のアンケートを見ると、学生たちが聞き手の話に真剣に耳を傾け、理解したこと、あるいは理解しようと努め、不十分であったとしても自分なりの理解を得て、社会と自分自身について考えたことがうかがわれます。

　　…世の中にはいろんな人間がいて、みんながんばっていきていると感じます。今回の活動に参加して、世界の中に違う生き方で生きている人がたくさんいるということを改て（原文ママ）感じました。自分も自分らしい生き方を探したいと思います。

　　　　　　　　　　　　　　　　　　　　　　　　　　　　（留学生）

　一方で語り手にとって留学生という聞き手はどのように感じられたのでしょうか。通常のHLであれば、聞き手は聞きたいと思って参加している人々であり、ほとんどの場合、日本語を母語とする人々です。この授業で学

生に対して語った体験について、語り手は学生の反応の良さが印象に残ったようです。「反応がはっきりしている」「質問がストレート」「熱心でずっとこっちを見つめていた」「みなさん、表情の変化があり理解していることが目に見えてわかった。病気の内容を話しているときはつらそうな表情を見るのはつらかった」「『解りたい』『理解したい』という気持ちが伝わってきて嬉しく思いました」といった感想が聞かれました。語り手の感想からは、目の前の語り手に関心を寄せ、理解しようとしている学生の姿が浮かびます。

　また留学生に対する語りを通して、語り手自身も自分への振り返りをおこなっていました。

　　最初やっぱりちょっとこわかったのは、やっぱり私にも外国人の人に対する偏見があったかなと…。でも腹を割って話せば何ら日本人と変わらないなと思いました。もっと外国人の方々と触れ合う機会が増えるといいなと思います。

（語り手）

　　今まで、笑い話として面白おかしくしか話せなかったことを今回は「悲しかった」「大変だった」というふうに率直に話し、それがよかったと思う。　（語り手）

　語り手、聞き手双方が自分と違う他者に対して真剣に理解を深めようとしたとき、それぞれが他者への理解だけでなく、自分への理解をも深めていったことがわかります。

　留学生の授業におけるHLの実践によって、学生は表面的な日本社会についてではなく、日本社会を作っている多様な人々について理解と関心を深めることができたと思います。また、聞き手である学生だけでなく、語り手も対話を通して自分を見つめました。そして何よりも、互いに理解し理解されることの喜びや共感を体験することができたのではないでしょうか。「単純に、伝わるとうれしいということをあらためて実感した」と語り手の一人が述べていますが、この「伝わる」という言葉が意味するものは、知る、わかるという以上のものを表しているように思います。この「対話の力」を**体験的に学ぶ**ことこそが、HLの実践の意義であったと考えています。

4 実践の先に何を見つめているのか

　HLの実践で学生たちは安全で自由な場でおこなわれる対話の力を体験しました。この実践の先に目指すものは、自ら発信し、対話の場を作り出すことだと考えています。日本語科目におけるHLの実践は、以降も継続しておこないましたが、今度は学生が主催者となってHLを開催するプロジェクト科目も始めました。この科目は短期留学生は履修できない科目でしたが、日本人学生と留学生が協力して開催したHLには、短期留学生が語り手として参加しています。「対話の力」を学んだ学生たちが、自ら発信していくこと、社会のなかで対話の場を作り出す力を身につけていくことがこの実践の先にあるべきだと考えています。

　HLは、「本」を傷つけないという大原則によって、制度的に、場の安全を保っておこなわれる対話です。言い換えるなら、理想的な環境を整えておこなわれる対話です。現実の社会において安全で自由な対話の場をもつことは、必ずしもたやすいことではないかもしれません。しかし、これを社会のなかでどのように作り出していくかを考え続けて欲しいと思っています。

5 さらに学ぶために

宮崎聖乃（2015）．留学生を対象とした日本語科目におけるヒューマンライブラリーの試み──実践報告『長崎外大論叢』*19*，131-142
　　本章で紹介した実践について詳しく報告しています。

坪井健，横田雅弘，工藤和宏（編）（2018）．『ヒューマンライブラリー──多様性を育む「人を貸し出す図書館」の実践と研究』明石書店．
　　教育機関や市民団体での数多くの実践例、ヒューマンライブラリーの偏見低減効果や学習効果などについての研究を紹介しています。

11章

ひととひと・ひとと社会を
つなぐインタビュー

学生たちが挑戦する「ときめき取材記」プロジェクト

三代純平・千葉美由紀

　アートを専攻とする学生として私は新しい価値：人のためのデザインについてもっと研究して考え、芸術と社会を引き継ぐ社会人になりたいと思った。

（韓国人留学生）

　インタビューをしたこと自体もそうですが、メンバーとのやり取りやきちんとした文章の書き方など、これから社会に出るにあたって必要なことを学ばせていただいたと思っています。何より日本社会というものについてあらためて考え、議論を重ねたことは本当にいい経験になりました。　　　　（日本人学生）

1　国際文化フォーラムと大学が連携

　上のことばは「ときめき取材記」プロジェクトに参加した学生の感想です。本章で紹介する「ときめき取材記」は、公益財団法人国際文化フォーラム（以下TJF）と大学が連携して取り組む**インタビュー・プロジェクト**です。

　TJFは1987年に講談社を中心に6社の出捐によって設立され、「ことば」と「文化」をキーワードに、グローバル化が進む時代に若い人たちが自分の未来を切りひらいていく力を育むための外国語教育事業と交流事業をおこなっています。筆者の一人であるTJFの千葉は、ウェブサイト「くりっくにっぽん」（www.tjf.or.jp/clicknippon）を担当し、海外で日本語や日本に関心のある若い人たちに向けて、「My Way Your Way」コーナーで日本に暮らす人たちのインタビュー記事を発信してきました。一人ひとりの語りに耳を傾けることで、「人」から切り離されることなく浮かび上がってくる**文化を伝える**ことがねらいでした。そして、「人」の語りの背景に「日本」がぼんやりと浮かび上がり、枠にはめた「日本」ではなく、変化を続ける「日本」を提示できるの

ではないかと考えました。このコーナーを担当しているうちに、千葉はインタビューとその前後のプロセスに教育的意義を見出すようになり、若い人たちに取り組んでもらえる場をつくることはできないだろうかと考えていました。

　一方、武蔵野美術大学（以下ムサビ）で日本語教育を担当する三代は、自身が受けもつ「**日本事情**」でインタビューを取り入れた実践をおこなっていました。「日本事情」は、主に留学生を対象とした科目で、日本社会や日本文化を理解することを目的としています。画一的な日本社会や**ステレオタイプ**的な日本文化を学ぶのではなく、実際の個人の語りから社会や文化を捉えることをめざし、インタビューを授業に取り入れていました。しかし、受講生たちの間で記事を共有するにとどまっていたため、何のためにインタビューをおこない、だれに向けて記事を書くのかという目的が曖昧になり、インタビューに対するモチベーションも学生によって大きく異なりました。そこで、三代は、より実社会で意味をもつ形で記事を書くことができないかと思案していました。

　そんな二人の思いが合致し、「**ときめき取材記**」プロジェクトは生まれました。学生たちがインタビューし、まとめた記事をTJFのウェブサイトにて公開するプロジェクトワーク型の授業が始まったのです。2016年のことでした。プロジェクト名は、このプロジェクトに取り組むことが緊張と責任を伴うものだとしても、若い人たちのこれからの人生にとって煌めく瞬間になってほしいという意味をこめ、「ときめき取材記」としました。

2　インタビューで社会を知る・社会をつくる

　このような経緯でスタートした「ときめき取材記」の目的を大きくまとめるなら、①社会を知る、②社会をつくる、この二つと言えるでしょう。

　私たちは、社会とは物語の集積だと考えます。一人ひとりの物語が折り重なりながら、**多声的な物語**＝社会が構成されます。社会を大きなひとつの物語として捉えるのではなく、一人ひとりの語りに耳を傾けることで、多様で変わり続ける社会が見えてきます。一人ひとりの小さな声と向き合ったとき、学生たちは表層的なイメージとしての社会ではなく、人が息づく本当の意味

での社会と向き合い、「自分ごと」として社会について考え始めます。それが社会を「知る」という行為だと私たちは思います。

　また、インタビューで聞いた語りを記事にまとめ公表するという活動は、語り手と聞き手の協働によってこの社会に一つの新しい物語を生み出すことです。つまりこの活動の先には社会をつくることがあるのです。社会にメッセージを届けるという活動から、学生たちには社会の担い手、社会をつくる参加者の一人としての自覚を感じてほしいという思いがあります。

　一人ひとりの語りからその人の物語を知り、それが多層的に織り成されることで社会の物語に迫る、また、語りを自分たちの視点から物語として語り直すことで、社会の多声的な物語をつくっていくことが「ときめき取材記」プロジェクトのめざすものと言えます。

3　ムサビの「ときめき取材記」

　本章では、三代と千葉が協働で取り組んだ2019年度のムサビの実践を紹介します。プロジェクト初年度の2016年度は留学生のみが履修できる授業でしたが、2018年度より日本人学生との共修授業としました。授業の概要は表11-1の通りです。

(1) テーマ「境界」

　ときめき取材記ではテーマを設定し、そこに関わる人にインタビューします。2019年度は「境界」としました[1]。テーマは、学生たちの問題意識を尊重し広く解釈ができるものでかつ、現代日本社会の多様な姿が浮き彫りにできるものを設定するようにしています。

表11-1　授業の枠組み

授業名	日本事情
実施期間	2019年4月〜7月（14週）（週1コマ・90分）
履修者	26名（留学生13名・日本人学生13名） ＊留学生は、日本語能力試験のN2レベル以上を履修条件としている。 ＊造形学部の1〜4年生で、油絵、デザイン、映像など専門の異なる学生が集まる。

（2）1〜2週目：模擬インタビュー

　アイスブレークを兼ねてインタビューの練習をおこないます。1週目に学生同士ペアになり15分ずつ「なぜムサビに進学したのか」をテーマにインタビューし合い、相手の紹介記事を書きます。なるべく具体的な質問をし、読者であるクラスメイトに相手の人柄と魅力が伝わる記事を書くように指導しました。記事は、写真1、2枚を入れてA4サイズ1枚にまとめることを条件としました。2週目は千葉が、写真と文章に関連性はあるか、読者にわかる文章、伝わる内容になっているかといった観点で講評をおこないました。これから一緒にグループ活動をする仲間を知ること、インタビューと記事作成を体験することでその難しさや楽しさを感じてもらうことが目的でした。

（3）3〜4週目：企画書の作成

　3名程度のグループに分かれ、「境界とは何か」「インタビュー候補者のプロフィール」「なぜこの人か」「この人に何を聞きたいのか」を考え、企画書をまとめます。企画書を作成するには、「境界」をどう捉えるかグループでしっかりと議論することと、インタビュー候補についてできる限り調べることが必要です。八つのグループに分かれ、国籍の境界、伝統と革新の境界、日常と非日常の境界など、境界をさまざまに捉えていきました。

　ここでのポイントは二つです。一つめは、テーマについて深く考えること。しっかり思考を深めておかないとインタビューが表面的なものになってしまう恐れがあるからです。企画書をもとに教員も学生と議論することで、何回か企画書を書き直すこともあります。二つめは、議論する風土をつくること。グループ活動をするなかで、声の大きい人が引っ張ってしまうのではなく、それぞれが意見を言うこと、同時にそれぞれが相手の意見を聞くことの大切さを理解する必要があります。「インタビューの基本は相手の話を聞くことにあるのだから、グループのメンバーの声もしっかり聞こう」という合意をとります。

（4）5〜7週目：インタビュー

　いよいよインタビュー候補者とのコンタクトが始まります。日本人学生も

留学生も依頼内容を丁寧に伝えるメールを書くことにとても苦労します。また、丁寧に依頼しても断られることがあります。断られると、次の候補に依頼するのですが、断られたグループは承諾を得たときの喜びも大きく、いいインタビューにつながった例をいくつも見ました。

アポイントメントがとれたグループからインタビューです。社会の第一線で活躍する方々で大変ご多忙でも、未来ある学生のために協力してくださる方が多くいます。インタビューは課外活動となり、アトリエを訪問したり、時には貸し会議室を借りたりしてインタビューをおこないます。普段出会うことのない人、普段聞くことがない深い話に学生たちは興奮したり、圧倒されたりして戻ってきます。プロジェクトの一つのハイライトです。実際に出会い、語りを聞くことで、学生たちは教師の想像を超えて多くのことを学びます。そのためにも、事前に相手のことをよく調べ、どうすれば深い話が聞けるかグループで議論することが重要であり、そうすることでよいインタビュー、ひいては深い学びの素地がつくられます。こうした準備は相手に対する敬意の表れであり、敬意をもってインタビューに臨むことこそがよいインタビューの秘訣です。

(5) 8〜9週目：記事の書き方

インタビューをおこなったグループから記事作成に入ります。しかしその前に、自分たちがより深く理解できるようにインタビューはすべて文字化することを義務づけています。1時間から、長いグループで4時間に及ぶインタビューをすべて文字化するのはかなり大変な作業でつらいと感じる学生もいますが、聞き直すことであらためて語りの意味が深く解釈できるため、意外と楽しくやっている学生もいます。ある学生は、文字起こしをひたすらやった授業後に、こんなに勉強したのは初めてだと言って帰っていきました。

記事の書き方について、教員は修辞的な指導を特におこなってはいません。ただ、自分たちがインタビューで見つけたことを読者にどうすれば伝わるのかをそれぞれのグループでよく考えるように促しています。読者に自分の見つけたものをどうすれば伝えられるのか。答えは一つではありません。学生たちが自分たちのスタイルで、答えを探究するのがこのプロジェクトの魅力だと私たちは考えています。

（6）10 〜 12 週目：記事作成

　文字化された資料を各自が読み込み、グループで話し合い、記事で伝えたいことを決めたら、そのために使う箇所や構成を考えます。大体5〜10のエピソードを取り上げるように指導しています。

（7）13 〜 14 週目：記事の講評

　13週目に記事の初稿を提出し、三代が講評をおこないます。講評のポイントは、シンプルです。読者に伝わらないところ、もっと深く書いてほしいところを指摘します。自分たちが伝えたいこと、インタビューで最も印象に残っていることを聞き出し、それと記事とのギャップをどうすれば埋めることができるのかを一緒に考えます。さらに修正したものを翌週、ウェブサイトを運営する千葉が編集の視点からアドバイスします。千葉のフィードバックをもとに、授業外でグループごとに三代と面談し、最終的な調整をおこない、原稿を完成させます。完成した記事をインタビュー協力者に送り、掲載許可が取れた最終版を千葉に送ります。千葉があらためて掲載許可をインタビュー協力者から得たのちにウェブサイトに掲載し、活動が終了します。

4　「境界」を問う

　2019年度は、「境界」をテーマに八つのグループがプロジェクトに参加しました。では、実際に学生たちはどのようにインタビュー記事を作成したのでしょうか。「カンボジア人であり、日本人でもある私」という記事を書いたグループを事例として紹介します。

　このグループは、日本人学生2名、韓国人学生1名のグループでした。「境界」というテーマが与えられたとき、彼女たちは、料理の境界をテーマにしたいと考えました。韓国からの留学生が、日本の韓国料理屋の味は日本風にアレンジされていると言ったことがきっかけでした。そこで、韓国料理屋を初めとした日本にあるエスニックレストランがどのように味つけや経営などを工夫しているのかというのが最初の問題意識でした。しかし、調べていくと、エスニックレストランではその国の味を求めていろいろな人が集まり、

独自のコミュニティが形成されている事例に出会い、「境界」の意味がさらに深まります。そして、カンボジア人の両親をもち、日本で生まれ育った諏訪井セディモニカさんと諏訪井さん家族が経営するカンボジアレストラン・アンコールトムのことを知りました。早速、彼女たちはレストランを訪問し、直接、諏訪井さんに口頭で説明し、後にメールで正式に依頼しました。カンボジア料理のほかにカンボジアの歴史の本なども読み、インタビューの準備をしました。

　諏訪井さんはインタビューで、レストランのことばかりではなく、自身の生い立ちやアイデンティティに対する考え方についても語ってくださいました。

　特に学生たちの心に響いたのは、諏訪井さんの境界についての語りです。

　　境界…難しいですけど、ないほうがいいとも言い切れないものというか、境界はあると割り切ることで保っている部分がきっとあるんじゃないですか。自分と相手に境界があるってわかっているからこそ、歩み寄ろうとできるのだと思います。お互いに一緒だと思うと、いざこざが起きるんです。一緒だと思っていたのに、なんでここはこうなのとか。でもちゃんと境界があるっていう認識を一人ひとりが持っている方が、スムーズにコミュニケーションを取れるんじゃないかな。ありすぎてもいけないけど、あった上でコミュニケーションをとろうよって各々が思っていれば、お互いに尊重しあって寄り添い合えると思います。
　　　　　　　　　　　　　　　　　　　　　　　　　　（吉田・ぺ・鎌田，2019）

　この諏訪井さんのインタビューを受けて、学生は以下のように感想を述べています。

　　モニカさんへのインタビューを通して、新しい境界の捉え方に出会いました。私の中で、やはり境界＝壁であったり何かを分別するもの、一方から他方を見えなくするようなものだと思っていました。しかしモニカさんの、境界を認識することでお互いに寄り添うことが出来るのではないかという提案は、どんどん社会が国際的になっている今、すべき考え方なのではないかと思いました。
　　　　　　　　　　　　　　　　　　　　　　　　　　（吉田・ぺ・鎌田，2019）

諏訪井さんの経験を聞き、境界の捉え方が広がり、今の社会のあり方をも自分なりに問い直しているのがわかります。ほかのグループもそれぞれの問題意識から「境界」を捉え、自分たちの考えた「境界」をもとにインタビューをおこないました。

5　プロジェクトを通じた学び

実際にこの活動から学生は何を学んだと感じているのでしょうか。授業後に学生が書いた振り返りから①**協働**、②社会におけるコミュニケーション、③生き方の三つに分けられます。

本実践では、企画からインタビュー、記事作成までグループで活動します。当然、学生によって問題意識や関心が異なり、意見の調整が必要になります。この授業は全学に開かれているため、油絵、工業工芸デザイン、映像といった多様な専攻の学生、学年、国籍の学生が集まっています。多様な文化をもつ人が集まって共に一つの作品をつくることも、これからの日本社会に求められる経験であり、この授業の目的であることを伝え、グループ間のコミュニケーションをよくとることを促しました。どのグループも日程調整、意見の相違、仕事の偏りなど苦労を抱えながらも、記事を書き上げたことで、協働作業の重要性とその方法を学んだという学生が多くいました。「チーム員たちと意見を調整しながら相手の意見を尊重する方法を学ぶことができた」（韓国人留学生）、「今回、コミュニケーションをとる、ということの大変さとやりがいについてあらためて考える良い経験になったと思います」（日本人学生）などの意見が多くの振り返りに書かれていました。

また、インタビューの依頼から、記事の確認まで丁寧にコミュニケーションをとることで、「ビジネスコミュニケーションのスキルも習得することができました」（中国人留学生）という学生もいます。

この授業の醍醐味はなんといってもインタビューを通じて、自分たちの**ロールモデル**とも言える社会人たちにじっくり深く話を聞くことです。アートやデザインを学ぶ学生たちは、一線で活躍するアーティスト、デザイナーに仕事や生き方についてお話をうかがうことで、自分たちの人生を見つ

め直したと言います。インタビューで聞いた話から多くを学んだとする学生たちは以下のように振り返りで述べています。「以前までの私は、なにかデザインするうえで主な対象を『自分』としていることに気づいた。自分がいいと思うもの、自分が必要としているものばかりを考えていた。しかし、今回のインタビューを通じて、もっと多くの人を対象としたデザインをしていきたいと思った」（日本人学生）、「彼とのインタビューには新たな発見と刺激があり、そして『あー、自分も今後そのような柔らかい発想で芸術と向き合っていきたい』との勇気もいただけた時間にもなった」（韓国人学生）。

　以上のように、協働によってインタビューをおこない、記事を書くという活動は、社会を体験的かつ具体的に知る取り組みになっています。社会で求められるコミュニケーションを、体験的に学ぶことも社会を知ることであり、そこに参加する意識をもつことは社会をつくっていく基盤となるでしょう。そして何より、学生たちは、現実の社会で生きるインタビュー協力者の物語から「生き方」を学んだと言います。「生き方」を学ぶということこそが、社会の物語を「自分ごと」として知り、それを自分の文脈に落とし込みながら、社会をつくることに参加することであると私たちは考えています。

6　実践の先に何を見つめているのか

　この実践の先に私たちが見ているのは、①対話のある社会の創造、②学びの共同体の創造の2点です。

　語りを聞くこと、語りを書くことは、社会・文化を聞くこと、社会・文化を書くことです。多様な文化を発展的に継承しながら新しい価値を共につくっていく礎に**対話**はあると私たちは考えます。この対話の経験を生み出すプロジェクトとして、私たちは「ときめき取材記」を企画しました。インタビューという活動を発展させていくことで、対話の重要性を多くの学生に感じてほしい、そう願っています。

　そして、「ときめき取材記」の大きな特徴は、公表の場を共有することで取り組みを現実社会において意味をもつリアルなものとし、書かれた記事をより広く共有可能なものにすることです。このことで、学生たちのやる気は格段にアップします。さらに、書くということ、それをメディアに載せると

いうことの責任感もやりがいも感じることができます。

　また、プロジェクトの大きな副産物は、インタビューという活動を通じて学生に社会・文化を学んでもらうという目的を共有する教師のコミュニティが生まれたことです。TJFの「ときめき取材記」というメディアに惹かれて複数の教育機関が集まっています。担当教員たちは、互いの悩みや情報を共有しながら、それぞれの現場の状況にあわせてプロジェクトを進めています。つまり、複数の教育機関の学生たちが学ぶことができる共同体の表裏の関係として、教師の**学び合いの共同体**が創造されたのです。教師もまた学び合いながら、この対話を学ぶための実践共同体を発展させていくことができるということは、インタビューを取り入れた実践をする人たちにとって非常に意義があります。たとえば、本稿で紹介した実践の「模擬インタビュー」も元々は他大学の活動だったものを取り入れたものです。このように互いの実践から刺激をうけ、学び合い、そして今後、さらにこの共同体が発展していくことを私たちはめざしています。

7　さらに学ぶために

国際文化フォーラム（編）(2021).『「ときめき取材記」プロジェクト報告書
　　──〈対話〉をつくるインタビュー』国際文化フォーラム.
　　プロジェクト全体の意義と複数の教育機関の実践が掲載されています。

注

1）学生が書いたインタビュー記事は、TJFのウェブサイト（https://www.tjf.or.jp/tokimeki/
　category/musabi/）で公開されています。

文　献

吉田七生，ペ・ウォンジョン，鎌田奈緒（2019）．カンボジア人であり、日本人でもある
　私『ときめき取材記』https://www.tjf.or.jp/tokimeki/musabi/2019/08/29/1141/（2020/02/29
　取得）.

12章 聴いて感じて伝え合う ストーリー交換の活動

日本語教師養成で育む共感力

嶋津百代

> わたしたちの唯一、真の民主主義は、ストーリーテリングです。ストーリーテリングは、国境を越え、境界を越え、ジェンダーや貧富や人種を超えていきます。そう、誰にでも語るべきストーリーがあるのです。
>
> コラム・マッキャン（Narrative 4 ウェブサイトより）

1 ストーリー交換を通じて共感力を築く

冒頭の文は、"**Narrative 4**" の共同創業者であり代表である小説家のコラム・マッキャンのことばです。Narrative 4 は、ストーリーを通して社会の変革を目指すことを目的に、コラム・マッキャンら**社会正義**（social justice）を信条とする文学者たちによって設立されました。アイルランドで誕生したNarrative 4は、現在では、教育者・学生・芸術家によるグローバルなネットワークになりました。

Narrative 4がその活動の核に据えているのは「**ストーリー交換**（story exchange)」です。後ほど詳述しますが、ストーリー交換はペアになってお互いにストーリーを語り聴いた後、ほかの参加者の前で相手のストーリーを一人称で語り直す活動です。ストーリー交換を通じて、私たちは自分や他者の声や経験や人生がいかに重要であるかが理解できるようになるといいます。そして、冒頭のことばにあるような国境・境界・ジェンダー・貧富・人種など、分断と対立が存在する世界のシステムを変容させ、再構築していく力が私たちにはあるのだと気づけるよう、次世代を担う若者を支援しています。

このNarrative 4によるストーリー交換を中心にデザインされた活動を知ったことで、結論から言えば、私の教育実践は新たな方向に大きく舵を切りました。私はナラティブ分析を中心とした談話研究を専門としており、それま

でもストーリーテリングやストーリーライティングを日本語授業に教室活動として採り入れ、活動の過程で何が起こっているかを観察してきました（嶋津，2013，2015）。私が担当した日本語学習者は誰もがみんな、自分たちの素敵なストーリーを共有してくれましたし、ストーリーを語ったり聴いたりすることが日本語学習やクラスメイトとの関係構築に有効であることも証明してくれました。このようなストーリーを用いた教室活動によって、学習者は自分の過去を振り返ったり現在を見つめたり未来を想像したりして、「自分や他者の声や経験や人生がいかに重要であるか」について多少は理解してくれたかもしれません。しかしながら、これらの教室活動は、学習者がかれらの声や経験や人生を「世界のシステムを変容させ再構築していく」ことにつなげていくようなものではありませんでした。

　私たちがコミュニティや社会や世界をよりよくしていくためには、目の前に存在する相手を、そして何よりも自分自身に「**共感する力**（empathy）」が必要で、それにはストーリー交換が大きな役割を担うと、Narrative 4は主張しています。このempathyの意味は研究分野によって異なるようですが、たとえば、異文化コミュニケーションや異文化間教育などの分野では、「自分のものの見方や考え方を転換させ、他者のものの見方や考え方を取り入れ、他者の文脈の中で行動することができる能力」（Bennett, 1998）という捉え方が基本とされています。Narrative 4がおこなっている「ストーリー交換を通じて共感力を築く」活動が、さまざまな教育場面で実践されているのも理に適っています。誰かのストーリーを自分の経験であるかのように、また、誰かのアイデンティティを自分のアイデンティティであるかのように一人称で語る活動は、まさに「他者のものの見方や考え方を取り入れ、他者の文脈の中で行動することができる能力」を育む可能性を秘めているものだからです。

2　日本語教師が育むべき態度と共感力

　Narrative 4でおこなわれているストーリー交換は、**ファシリテーター**[1] がその成功の鍵を握ると言われています。どんな活動もそうですが、活動を導く指導者やファシリテータ自身がその活動を実際に体験したことがあり、活動の目的、内容や手順、予想される問題などを十分理解しておかなければな

りません。日本語の授業でストーリー交換の活動を採り入れる場合も同様で、教師は特にストーリー交換によって何が起こりうるかを知っておく必要があります。活動のテーマやストーリーの内容によっては、かなり感情を揺さぶられる瞬間があるからです。

現在、私は勤務校で**日本語教師養成**を担当しています。そこで、ストーリー交換の活動を通して、私自身も含め、将来の教師候補生がファシリテータとして成長することを目標に据えました。いま述べたように「ストーリー交換を体験して活動そのものを理解すること」、そして Narrative 4 が信条とする「ストーリー交換を通して共感力を育むこと」、この二つがストーリー交換を教師教育の一環として実践したい私の目的です。では、なぜ今、日本語教師養成において「共感力を育むこと」が必要なのか、その理由を説明します。

2018年、文化審議会国語分科会が『日本語教育人材の養成・研修の在り方（報告）』を発表し、翌年2019年にはその改訂版が公表されました。この報告には、日本語教育人材に求められる資質・能力が、知識・技能・態度の三つに分けて明記されています。この三つは相互に関連していて相互に補完するものですが、従来の教師養成が知識や技能の獲得に特化してきたことに鑑みると、教師がもつべき「態度」が明確化されたことは注目すべきで、その育成が求められていると考えられます。なかでも、私が携わっている大学の日本語教師養成の段階で求められている資質・能力の「態度」の項目を、表12–1にまとめました。

これらの態度のうち、【1　言語教育者としての態度】は自分の内側で培えるものかもしれませんが、【2　学習者に対する態度】と【3　文化的多様性・社会性に対する態度】は、自分の外側にある対象に向けられた態度です。先述の「共感力」があれば、その対象を理解し尊重し、そのような態度が何らかの形で示されていくことも可能になるのではないかと考えています。

3　日本語教師養成でのストーリー交換の活動

それでは、関西大学外国語教育学研究科の日本語教師養成講座の修了を目指す大学院受講生のために設計したストーリー交換の活動について説明しま

表12–1　養成段階の日本語教師に求められる資質・能力の「態度」項目

【1　言語教育者 としての態度】	(1) 日本語だけでなく多様な言語や文化に対して深い関心と鋭い言語感覚を持ち続けようとする。
	(2) 日本語そのものの知識だけでなく、歴史、文化、社会事象等、言語と切り離せない要素を合わせて理解し、教授活動に活かそうとする。
	(3) 日本語教育に関する専門性とその社会的意義についての自覚と情熱を有し、自身の実践を客観的に振り返り、常に学び続けようとする。
【2　学習者に 対する態度】	(4) 言語・文化の相互尊重を前提とし、学習者の背景や現状を理解しようとする。
	(5) 指導する立場であることや、多数派であることは、学習者にとって権威性を感じさせることを、常に自覚し、自身のものの見方を問い直そうとする。
【3　文化的多様 性・社会性に 対する態度】	(6) 異なる文化や価値観に対する興味関心と広い受容力・柔軟性をもち、多様な関係者と連携・協力しようとする。
	(7) 日本社会・文化の伝統を大切にしつつ、学習者の言語・文化の多様性を尊重しようとする。

文化審議会国語分科会 (2018).『日本語教育人材の養成・研修の在り方について（報告）』文化庁，表1より抜粋。

　す。この活動は試行を数回実施し、内容を改良した後、私が担当する養成講座の授業で実践していく予定です。

　1節で紹介したNarrative 4の活動は、さまざまなテーマ（環境、アイデンティティ、移民など）のもと、ファシリテータが指導する四つの基本的なステップ（①準備、②ストーリー共有、③ストーリー交換、④リフレクション）に沿って実践されます。これらのステップの内容を参考に、日本語教師養成でおこなうストーリー交換の活動を設計しました。本章では、2020年4月にZoomを用いてオンライン上で試行した活動を例に、各ステップで実施する内容を具体的に述べていきます。表12–2は、その概要をまとめたものです。

(0)　事前準備：オートバイオグラフィーの執筆と共有

　オートバイオグラフィーの執筆は例年、養成講座の学期開始時の課題にしています。オートバイオグラフィーの特質は、自分の人生で意味があると思う経験を自ら選択し、その経験を自分のことばで言語化する点です。そうすることで、自分の経験、ひいてはこれまでの人生を理解し、認めることにつながります。今回の実践でも、参加者に「なぜ（日本語）教師になろうと

表12-2　日本語教師養成のためのストーリー交換の活動

参加者	教育職志望の大学院生*6名（日本語ネイティブ・ノンネイティブ各3名）
実施日と 実施方法	2020年4月8日（水）90分間 Zoomによるオンラインでの活動実施
実施内容	(0) 事前準備：オートバイオグラフィーの執筆と共有 (1) 準備段階：アイスブレイキングと信頼関係の確認（10分） (2) ストーリーの共有：ストーリーテリングと聴く力（30分） (3) ストーリーの交換：プレゼンテーションと共感する力（30分） (4) リフレクション：ディスカッションと伝える力（20分）
実施後	この活動に関するフィードバックを得るため、活動後、調査への協力を承諾してくれた大学院生2名にそれぞれ約30分のインタビューをおこなった。

*：本稿で紹介した実践は、数回の試行後、大学院の日本語教師養成講座の授業でおこなう予定です。養成講座の受講生には英語教育や中国語教育専攻の大学院生もいることを考慮して、この実践においては、教育職志望ではありますが、日本語教育専攻以外の大学院生にも参加協力を依頼しました。

思ったか」という題目で2000字程度のエッセイを書くよう依頼し、活動実施日の1週間前に提出してもらいました。この題目であれば、これまで自分が辿ってきた道を振り返ることになり、結果的にオートバイオグラフィー的なナラティブが書かれることになります。また、限られた時間内で自分の経験を言語化するのを難しく感じる人もいるでしょうから、事前にエッセイを書くことで自分の経験を言語化しておくと、実際の活動を効率よく進めることができます。

　参加者にエッセイを提出してもらった後、日本語ネイティブとノンネイティブのペアを3組作りました。次の課題は、ペアの相手のエッセイを事前に読んでくることです。それぞれに相手のエッセイをメール送付し、その際、エッセイの内容を理解するだけでなく、確認したいことや質問したいことなどをメモしておくよう指示しました。

(1) 準備段階：アイスブレイキングと活動の趣旨説明

　活動の準備段階では、まず、参加者が互いに打ち解けるためのアイスブレイク、たとえば自己紹介やゲームをおこないます。次に、活動の内容や手順、ストーリー交換のテーマや目的を説明します。特に参加者に伝えたいのは、この後におこなう「ストーリー共有」と「ストーリー交換」では、①相手の話に積極的に耳を傾けること、②相手の話を否定せず、理解するよう努める

ことです。互いを尊重し、信頼して活動に臨んでほしいからです。

　今回の実践は「**ネイティブ・ノンネイティブ**」をテーマとしました。私が担当する大学の日本語教師養成講座の授業科目は、日本人大学院生と留学生院生がほぼ同数受講しています。授業で必ず扱うテーマの一つが、この「ネイティブ・ノンネイティブ」にまつわる差異です。今回おこなった実践でも日本語ネイティブとノンネイティブの協力者が同数参加してくれましたので、このテーマを選択しました。

（2）ストーリーの共有──ストーリーテリングと聴く力

　このステップは、ペア同士でそれぞれのストーリーを共有する時間です。今回の実践では、「なぜ日本語教師になりたいと思ったか」が綴られている相手のエッセイを事前に読んでいるので、すでに内容を知っています。そこで、数あるエピソードから成っているエッセイの中から、活動のテーマの「ネイティブ・ノンネイティブ」と関わっていると思われる出来事や経験を取り上げて、そのエピソードを再度語ってもらいました。「ネイティブ・ノンネイティブ」という視点の枠組みにおいて、かつ聴き手を前にしてエピソードを語り直してみると、エッセイには言語化されなかった意識や感情が表現されることが多々あり、ストーリー内容が深まっていきます。このようにして、お互いのストーリーに耳を傾け、自由にメモを取り、質問するなどして、ストーリーを理解していきます。時間内でストーリー共有をどのように進めるかは各ペアに任せましたが、どちらか一方のストーリーの話に偏らないように依頼しました。

　ストーリーテリングは、過去の経験を再構成しながら、私たちが自分や世界をどのように解釈しているかを提示する方法です。ストーリーを聴き手に理解してもらうには、語り手が利用可能な資源を用いて表現する必要がありますが、聴き手が頷いたり相槌を打ったり、積極的に耳を傾ける「聴く力」によっても、ストーリーテリングは対話的に展開していきます。

（3）ストーリーの交換──プレゼンテーションと共感する力

　この実践における本命の活動といってもよいストーリー交換は、参加者全員でおこないます。一人ずつ、自分の話ではなく、ペアの相手のストーリー

を一人称で語ります。前段階のストーリー共有で自分が知ったことや理解したことをもとに、その人のストーリーをほかの参加者に共有します。ほかの人のストーリーを自分の視点を通して語り、テーマに関連したストーリーのポイントを具体化することになります。今回の実践では、日本語ネイティブがノンネイティブの経験を語り、日本語ノンネイティブがネイティブの経験を語りました。

　ほかの人のストーリーを一人称で語るがゆえに、自分で思考し自分のことばで表現しながらも、相手の経験やそのときの感情を疑似体験でき、共感が生まれます。また、ペアの相手が自分のストーリーを語っているのを聴くことで、他人の視点で自分のストーリーを見つめることができます。ある距離感をもって客観的に自分のストーリーを聴くことは、冒頭でも述べましたが、自分の経験を受け入れ認め、自分自身に共感することにもつながります。

　このように、ストーリー交換は、ほかの参加者にストーリーを語るストーリーテリングでもありますが、ストーリーを通してテーマに関わる経験や感情をほかの参加者にも分かち合うプレゼンテーションでもあります。自分ではないほかの誰かについて、あたかも自分のことであるかのように一人称で語ることは、その人の経験や感情に共感している姿をほかの参加者に見せることになり、ほかの参加者にもその人の経験や感情を具体的に想像する機会を与えます。そして、参加者全員に共感という感覚を呼び起こさせること、これがストーリー交換の目指すところです。

（4）リフレクション —— ディスカッションと伝える力

　ストーリー交換の後は、参加者全員によるリフレクションです。ほかの人のストーリー、すなわちその人の経験や感情を引き受けて一人称で語ってみて、どのように感じたかを話し合います。また、自分のストーリーと比較して、そのテーマに関わる経験や感情がどのように異なるのかについても意見を交わします。このような活動の振り返りとディスカッションは非常に重要で、ストーリー交換の成果を左右するものです。誰かの経験や感情に共感するという個人の感情的反応レベルにとどまるのではなく、参加者全員が共感した内容を伝え合うことで、参加者間で共感を共鳴させることができます。このリフレクションでは、今回の実践であれば「ネイティブ・ノンネイティ

ブ」にまつわる差異や固定観念に関する気づきを言語化することを想定しています。

4 ストーリー交換が創発するもの

ストーリー交換の活動は、一人ひとりのストーリーが多様であるように、テーマの選択や参加者の背景によっても、活動の様相が異なってきます。ここでは、実践後におこなったインタビューで、ペアを組んだ沙耶とミヒ（仮名）が話してくれた感想を紹介します。

沙耶は、大学卒業後、アジア圏某国の日本語補習校でアシスタントとして1年間働いていました。現在は日本語学校で教えながら、大学院で研究しています。ミヒは、韓国の日系企業で2年間働いた後、日本に大学院留学し日本語教師を目指して勉強中です。

沙耶もミヒも、オートバイオグラフィーではこれまでの経験を肯定的に捉えた内容を綴っていましたが、活動の「ストーリーの共有」時には、現在に至るまでに起こった出来事やそれぞれが抱えている問題を話していました。テーマであった「ネイティブ・ノンネイティブ」に関わるところですが、沙耶は海外で日本語を教えるときに日本人として振る舞うことを期待されているように感じた経験があります。この沙耶のストーリーを一人称で語ったミヒは、「ストーリーの交換」時に考えていたことを、このように話してくれました。

沙耶さんと同じ経験ではないけれど、似ている経験を思い出しました。私も日本に来たばかりのときに、韓国人らしく日本語を話していたことを思い出したんです。たぶん、そのときの感情が一番近いと思って、その気持ちを使って話しました。

ミヒは、以前アルバイトで日本語を教えていたとき、日本語ネイティブの先輩教師にもっと日本語を勉強するよう注意された経験があり、ノンネイティブであることのもどかしさについて話していました。沙耶は、ミヒのストーリーを語っていて感じたことを、以下のように説明してくれました。

ミヒさんの辛さとか悔しさとか、私がミヒさんになって、ミヒさんの経験を話しているのは不思議な感じがしました。日本語が好きで日本語教師になりたくて、前向きなミヒさんになっていると、私の中で私の経験が置き換えられたような気がして、勇気が湧いてきました。

　ストーリー交換を通して参加者の共感力が築けたかどうかは、将来かれらが教師になったときに明らかになるものなのかもしれません。しかし、ミヒや沙耶が述べているように、相手のストーリーを語る際に、自分の経験や感情のなかに似たものを探ろうしたことや、相手の経験を体験したかのような気持ちになることなどは、ストーリー交換の活動が創発する、非常に興味深い側面だと考えます。

5　実践の先に何を見つめているのか

　他者の経験を聴いて感じて伝え合うストーリー交換の活動は、Narrative 4の活動を参考にして、将来日本語教師になりたいと考えている大学生・大学院生を対象にデザインしたものですが、かれらを指導する教師教育者にも体験していただきたい実践です。どのような教育現場であっても指導者の資質・能力の向上は不可欠であり、これからの時代は特に、**エモーショナル・インテリジェンス**の高さが求められています。さらに言えば、学校教育や社員教育などの教育場面だけでなく、共感力を築き、磨いていく必要性のある医療や介護、カウンセリングなどの療法場面においても、このような活動が必要とされていると言えるでしょう。

　普段の生活の日々の些細な出来事から、歩みを方向転換するきっかけとなった思い出深い出来事まで、さまざまなストーリーが積み重なって、織り合わさって、編み直されて、私たちの人生を形作っています。私たちの人生はストーリーでできているからこそ、私たちは自分のストーリーに苦しめられたり、他者のストーリーに救われたりします。今日のストーリーを共有すれば、明日のストーリーを変えることができる（If we share today, we'll change tomorrow）―― これは、Narrative 4のスローガンの一つですが、個人レベル

でも社会レベルでも、共感力に支えられたストーリーテリングの実践が期待されているのだと思います。

6　さらに学ぶために

Narrative 4 ウェブサイト

　このサイトでは、Narrative 4 の活動の目的や内容などの詳細、具体的な実践例のビデオクリップが公開されています。https://narrative4.com

文化審議会国語分科会（2018）．『日本語教育人材の養成・研修の在り方（報告）』

　本文で紹介した報告書は、文化庁ウェブサイトからダウンロード可能です。

　https://www.bunka.go.jp/koho_hodo_oshirase/hodohappyo/1401908.html

注

1）Narrative 4 の活動をおこなうためには、指定されている必要なトレーニングを修了しなければなりません。本稿で紹介した実践は、Narrative 4 の活動を参考にして独自の活動を組み立てたものであり、Narrative 4 の活動ではないことを付け加えておきます。

※本稿は、JSPS 科研費 20K00713 の助成を受けて執筆したものです。

文　献

嶋津百代（2013）．日本語学習者の協働作成によるストーリー・ライティング——書き手と読み手の相互行為的な活動の考察．佐藤彰，秦かおり（編）『ナラティブ研究の最前線——人は語ることで何をなすのか』（pp.85–106）ひつじ書房．
嶋津百代（2015）．『第二言語リテラシーとストーリーテリング活動——次世代の日本語学習者のコミュニケーションのために』J & C.
文化審議会国語分科会（2018）．『日本語教育人材の養成・研修の在り方について（報告）』
Bennett, M. J. (1998). Intercultural communication: A current perspective. In M. J. Bennett (Ed.), *Basic concept of intercultural communication: Selected readings* (pp.1–34). Intercultural Press.

13 章

学びを培う教師コミュニティ

実践を省察するラウンドテーブル型教師研修

池田広子

　ラウンドテーブルでは、初めて会った方にも、私が語ったことをすべて受け入れていただけて、それがすごくありがたいっていうか、新鮮だなっていうか、なんていえばいいんでしょうね。すごく話しやすい空気をつくってくださいます。皆さん（ラウンドテーブルには）積極的に参加されているのでいい意味で貪欲というか、特別な時間だと思いますね。　　　　　　　　　　　　（A教師、日本人）

　今まで、「こういう新しい教え方をやってみたんで、報告しますよ」っていう、報告会みたいなタイプは多かった。でも、こうやってラウンドテーブルみたいに、じゃあ、長い語りを聴いて、一緒に学んで一緒にふり返るっていうのはない、他にはないです。はい、本当に貴重な場です。　　　　　　　　　　（B教師、日本人）

1　実践を省察するラウンドテーブル型教師研修の取り組み

（1）何を目指しているのか

　上のことばは、**ラウンドテーブル型教師研修**「実践を協働でふり返る——語る・聴くから省察へ」（以下、ラウンドテーブル型研修）に参加した教師の感想です。この声はラウンドテーブル型研修に参加した後に、インタビューで話してくれたものです。先生方はこれまで自分が受けてきた教師研修と本ラウンドテーブル型研修を比べながら感想を語ってくれました。ここで紹介する実践を省察するラウンドテーブル型教師研修は、2006年に当時大学院生だった私と朱桂栄さんが大学院の成人学習論の講座で学んだのがはじまりです。講座で学んだことを日本語教育分野にも取り入れたいという思いから二人で試行し、その後2015年に日本で運営メンバーとともに「学びを培う教師コミュニティ研究会」を立ち上げました（https://manabireflection.com/）。研究

会の運営メンバーは2020年現在11名です。日本国内および海外の教育機関でラウンドテーブル型研修を実施する際には、運営メンバーと現地のスタッフや教員がすべて協働で企画し、運営、実施にあたります。2008年〜2015年までは日本国内で本研修を開催していましたが、2015年12月からは国内だけでなく北京、上海、ベトナムで実施するようになり、海外の日本語教育関係者とのつながりも大切にしています。たとえば、上海でのラウンドテーブル型研修は中国の大学教員や日本語教育関係者、現地の理解者、運営メンバーに支えられて毎年秋（または冬）に実施しており、2019年に4年目を迎えました。また、2019年には、ベトナム・ハノイで初めて本研修を実施しました。ここでもハノイ現地の日本語教師、日本語教育関係者、ハノイ日本語教育研究会、運営メンバーとの協働により運営がおこなわれました。このように、本研修のはじまりは、小さいグループで細々とおこなっていましたが、さまざまな日本語教育関係者が互いに支え合い、継続することによって徐々に広がってきました。では、ラウンドテーブル型研修では何を目指しているのでしょうか。本研修では、主に以下の三つを目指しています。

①実践を協働で丁寧に語り、聴くことによって**実践から省察**する力を培っていくこと。
②参加した教師たちが**互いに互いの学びを支え合う**ことによって出来上がる関係を育むこと。
③ほかのコミュニティとつながっていくこと。

　こうした研修は教師をエンパワメントすることに着目していると解釈することもできます。上記のようなことを目指しているため、本研修は講義形式によって日本語の教授法や新しい知識を伝える研修やワークショップ形式とは異なります。また、実践の報告会とも異なります。本研修では教師が日々取り組んでいる実践を自分で掬い取り、その実践を当日のラウンドテーブルのグループ内で丁寧にゆっくりと語ります。そして、聴く人はできるだけ、寄り添って聴きます。そうすることによって、参加者全員がさまざまな気づきを得たり、ふり返ったりすることができる場となるように努めています。

（2）緩やかなデザイン

　もう少し本研修の輪郭をつけてみますと、ラウンドテーブル型教師研修における
グループのなかには、語り手と聴き手、そしてファシリテーターがいます。それぞれの参加者が役割を担って活動を進めています。全体もグループ内も自分の実践に向き合うことができるように、緩やかなデザインが設けられています。では、なぜ緩やかなデザインなのでしょうか。

　それは参加者教師が大人の学習者、つまり、**成人学習者**であるためです。成人学習者はすでにいろいろな経験を通してできあがった価値観をそれぞれにもっているので、その価値観や経験を尊重し、生かすことによって参加者教師の学びを広げることができます。したがって、本研修ではふり返りを強制したりすることはありません。ほかの研修では活動ごとにふり返りシートやポートフォリオを参加者に書かせることがあるかもしれませんが、本研修ではそうしたことは、それほど徹底しておらず、むしろ、成人学習者である教師が学ぼうとする**前向きな態度**を育むことを大切にしています。

2　教師研修における「実践を語る・聴くから省察へ」

　私は、2000年から日本語教師の実習や研修をさまざまな教育機関でおこないながら、教師教育に関する研究をおこなってきました。2000年当時におこなわれていた教師研修は、主に新しい教授法に関する知識や理論、新しい教科書の教え方を講演形式やワークショップ形式で展開することに留まっていました。そして、教師研修に参加した教師からは、「教師研修に熱心に参加してもブラッシュアップにはなるが、学んだことが自分の実践や教育現場と乖離していて、直接つながらない」という感想を聞くことがありました。このような声を聞いて、私は「なぜ、時間もお金もかけて参加したのにあまり役に立たないのか」と考えるようになりました。いくつかの考えを巡らせるうちに、二つの点に気づきました。一つは、教育機関という組織のなかで教える先生たちは、そうした組織などが決めた教材や副教材で教えなければならず、自分の裁量で自由にデザインし、決めることが限られていること、また、もう一つは、最新の知識を学んだとしても同僚の教師とその情報を共

有したり、学び合ったりする機会が少ない環境に置かれているからではないかということでした。このような問題があるために、教師研修で学んだ内容が教育現場に直結していかないと考え、教師が実践から学び合う場が必要ではないか、できれば、その場は教師が対等な関係で参加できる場であったほうがいいのではないか、と思っていました。そんなときに出会ったのが、**「成人学習論」** という講座と理論でした。大人の学びを支援するなかでは、仲間同士で実践を語ったり、ジャーナルに書いたことを交換して説明し、議論したりすることが有効だと言われています（Cranton, 1996/2004）。なぜこのような方法が効果的なのかと言いますと、成人学習者は多くの経験をもっていることに関係します。他者とのやり取りを通して言葉にすることによって、意識の底にしみこんでいることに気づいたり、その過程で多くの経験と引きつけて吟味したりすることができるからだと思います。

1節2項で述べたように2006年の頃の筆者は留学生の朱さんとともに成人学習の領域の研究者や院生とこの理論を学び、講座で学んだことをもとに自分たちで実際にラウンドテーブルを試行してみました（池田・朱, 2017）。最初は3名のグループ活動でおこない、どのように質問したらいいのか、どのように聞き返せばよいのか戸惑いましたし、また、どのように進めていけばよいのかわからず、「緩やかなデザイン」どころではありませんでした。講座で学んだ知識と実践だけを頼りに、二人で何度も議論を重ね、そして失敗を繰り返しながら進めました。ある時期からは成人学習のゼミの院生らの支えを受けて、日本語教育に見合ったラウンドテーブル型教師研修を考案し、国内および海外で展開してきました。

ナラティブという角度から光を当ててみますと、本研修は語ることと聴くことの意味において重なる点があるように思います。まず、語り手は自分の実践のなかから自由に実践を掬い取りそれを語ることができます。また、聴き手が丁寧に寄り添って聴いてくれることによって、想像以上に語り手は多くを語ることもあります。そして、どのように質問をするかによって、語った内容の意味も変わっていきます。私はこのような点において、ナラティブの考え方につながるのではないかと考えます。では、ラウンドテーブル型教師研修は、どのような方法でおこなわれているのでしょうか。また、そこではどのような学びが見られるのでしょうか。次節で具体的に見ていきます。

3 どのように実践しているのか

(1) 実践の概要

　ラウンドテーブルとは、4〜5名程度の小グループのなかで報告者がじっくり時間をかけて自らの実践を報告し、ほかの参加者が丁寧に聴き合うことで省察を深める学習方法（三輪, 2009）と定義されています。

　本研修では、この考えをもとにおこなっていますが、語り手が**じっくりと話す**ためにおおよそ以下の手順で進めています。

① 研修前に当日のグループ活動における語り手の希望者を募ります。

② 語り手に事前課題（実践を通してふり返ったことをまとめてくる）を提示し、当日準備したレジュメを持参するように伝えます。

③ 当日は、「実践の長い展開を語り、聴くことを中心に置き、実践の展開について問い交わしながら共同探求できる少人数（6名程度）のグループを設定」（柳沢, 2009）します。

④ 全体のオリエンテーションをおこない、グループ内のルールを周知します（例：聴き手は語り手の文脈にそって丁寧に聴く）。

⑤ ルールを全体で共有した後、グループ活動「実践を協働でふり返る体験」を開始します。グループ内ではファシリテーターが中心となって、

図13-1　実践のプロセスを協働でふり返る（ラウンドテーブル2014夏の様子）

活動を進めます。最初に自己紹介をおこない、語り手が事前課題のレジュメをもとに実践を語ります。グループ内でこの活動を2回おこないます。

⑥ グループ内で体験の感想を共有し、「実践を語る・聴く」の意味を考えます。

⑦ 全体活動に戻り、それぞれのグループで語ったことなどを共有します。

表13-1にラウンドテーブル型研修のタイムスケジュールの例を示します。

表13-1　1日のタイムスケジュールの一例

	活動内容	活動形態	時間
1	オリエンテーション、趣旨説明	全体	13:00 〜 13:30
2	自己紹介・実践をふり返る体験①	グループ活動	13:30 〜 15:00
	休　憩		15:00 〜 15:30
3	実践をふり返る体験②	グループ活動	15:30 〜 16:30
4	グループで感想の共有	グループ活動	16:30 〜 17:00
5	•体験してどうだったのか •語ること・聴くことの意味を考える •全体のまとめ	全体	17:00 〜 17:40

（2）ラウンドテーブル型教師研修からの学び

ここでは、ランウドテーブル型研修のなかで生じていることや参加者教師の学びについて、事例を見ていきます。事例1は中国人の大学教員であるC教師の例です。C教師は上海でのラウンドテーブル型研修に3回参加しました。

【ふり返る内容について共感】

事例1（C教師、中国人、中国の大学教員）

（聴き手として）本当に私にとっては、刺激というか、いろんな新鮮なことを聞けたことは非常に印象深かったんですよね。聞くだけでいろんな人生の経歴と教え方だと、それこそ面白いんですよ。

事例2（D教師、中国人、中国の大学教員）

　やはり、その中ですごく難しいな、戸惑ったりした点はどういう点なのか、非常に詳しく説明してくれましたね。だから、それを聞いて私も、よかったな、私も実際、自分の日頃の教育でこういう方法、取り入れたらいいなとか、いろいろ啓発されて勉強になったと思いました。

　…まず聴き手として、人の話を聞いて、じゃあ自分の日頃の教育活動と照らし合わせながら私も、こういうところはこういうふうにやって、私も同じような問題に直面して悩んでいるとか共感をしたりとか、あるいは啓発されたりとかしたことは、随分たくさんあったなって思いました。

　C教師は事例1のなかでは、聴き手として参加しました。大学での日本語教師の経験は10年以上で、これまでに中国人の教員と教材を開発したり、授業の準備をしたりしてきましたが、本研修をきっかけに日本人の大学教員と授業に関することについて話すようになったと言います。ラウンドテーブルに参加した後に、C教師はインタビューのなかで事例1のように話しました。この事例のなかで「刺激」「新鮮」という言葉が出てきますが、C教師は、グループ内の語り手であった教師（日本人、中国の大学教員）の語りの内容が自分の経験にないものであり、それが新鮮であったと言っています。特に語り手の教師人生を聴くことができ、「それこそ面白いな」とC教師は述べました。このように本研修でゆっくり、じっくり実践を語ることによって、参加者の先生たちがさまざまなことに気づきや刺激を受けていることがわかりますし、また、互いに励まされていることも想像できます。

　事例2は事例1とは違うグループで参加した教師たちの感想です。D教師は、この事例の研修では聴き手として参加しました。これまでラウンドテーブルに3回参加しており、語り手も聴き手の両方を経験しています。D教師は、「（語り手に）いろいろ啓発されて勉強になったと思いました」と言い、語り手の内容からなんらかの刺激を受けている様子が分かります。また、このグループの語り手は、「戸惑ったことや難しかったこと」を丁寧に語っていたと言っています。さらに、D教師が「自分の日頃の教育でこういう方法（語り手の実践）、取り入れたらいいな（括弧内は筆者の解釈）」と述べています。そうした発言から語り手に寄り添っていることや、学びへの意欲が感じられ

ます。そして、次の段落では、「私も同じような問題に直面して悩んでいるとか共感したりとか」というように、自分の教育活動と照らし合わせ、その内容に共感していたことも感じられます。このような事例からD教師は、語り手に寄り添って聴いていたということがわかります。そして、D教師は、「1回目に参加した時は、聴き手として参加しましたが、2回目では語り手として参加するようになった」というように、1回目に参加した時とは異なった参加の仕方を示しており、研修に積極的に参加していることが感じられます。

　以上、事例1、2はラウンドテーブル型研修に参加した教師のなかでどのようなことが生じていたのかについて、その一例を示しました。グループのなかで語り手は、まず、自分の実践に向き合い、それを研修で丁寧に語ります。それとともに聴き手はその内容を忠実に聴きとるように努めます。そうすることで、例のようにふり返る内容に共感することがあります。

（3）学びを支えるファシリテーターの役割

　実はこれらの学びを支えるのは**ファシリテーター**の役割です。これまでの説明のなかでファシリテーターのことはあまり触れませんでしたが、この研修でファシリテーターは重要な役割を果たしています。ファシリテーターは、成人学習論や省察の考えを熟知している人がおこなっています。グループ活動の進行、時間管理だけでなく、語り手が十分に語れるように支援します。たとえば、語りについて確認したり、問いかけたりすることもありますし、また、互いが尊重されるようなやり取りができるよう心がけています。

　研修のなかでは、語り手が語る時間を十分に設けているので、聴くことに慣れていない参加者はときどきつらくなることがあります。また、研修に継続して参加するうちに聴くことの大切さに気づき、聴くことの楽しさを見出す参加者教師もいます。こうしたグループの参加者を支えるのがファシリテーターです。そして、どんな語りの内容も尊重されてじっくりと話せる環境のなかで、語り手は当初想定していなかったことを徐々に語り出したり、語るなかでさまざまなことに気づいたりするということが起こっています。

（4）語る・聴くことからエンパワメントへ

事例3では実践を語る・聴くことによって、**エンパワメント**されたという例を見ていきます。ここでいうエンパワメントとは、互いが互いを励まし合ったり、支えたりすることを意味します。

事例3　E教師（日本人、日本で留学生の指導にあたる日本語教師）

どうやって学生達の日本語を伸ばせばいいのかっていうちょうど壁にぶつかっていたんです。でもある高校の先生の話を聞いて、一つの方法かなって（思いました）。自分では、学生と面談しようというアイデアは出てこなかったので、これは盲点になっていた。学生を知るっていうのも一つの方法かなって。でもそういうのは日本語の先生同士、だったらあまり出てこないアイデア。やっぱり、中学生だとか、高校生だとかの学生の指導の仕方からじゃないと見えないのかなという視点がありましたね。そういう意味では、ラウンドテーブルは刺激を受ける場所。普段接したことのない人に会ってパワーをもらいます。

E教師は日本語教師だけでなく学校教育の先生なども参加するラウンドテーブルに出席しました。そのなかで学習意欲が低い日本語学習者に対する指導を巡って、これまで試行錯誤してきたことを語りました。事例3はその時のことを思い出して話したものです。E教師は指導において「壁にぶつかっていた」と言っています。そして、グループ活動のなかで高校の先生の話を聴いて、「自分では出てこなかったアイデア」を得たと言っています。ここからは、少し角度を変えてみることで、糸口が見えてきたことがうかがえます。ラウンドテーブルは悩み相談やカウンセリングではありませんが、多様な価値観をもつ人と時間をかけて交じり合います。そのなかでE教師は**新しい視点**に気づき、グループの仲間から刺激を受けたのだと言えます。このように「自分では解決できないこと」を補う場としてラウンドテーブルが機能し、それぞれの教師を支え合い、それが励みにもなっていると言えます。

4 実践の先に何を見つめているのか

　以上、紹介した事例はラウンドテーブル型研修で得られた学びの一端ですが、どれも、「じっくりと省察すること」と「人と学びの輪が広がる」という点でこの研修の醍醐味があると言えます。そして、「成人である教師が参加しやすいように、語りやすいように」努めている点も特徴としてあげられます。

　ITが加速する時代を迎え、これからの日本語教師は知識や技術を身につけるだけでなく、人と人が実際に会って、ゆっくり、たっぷり、じっくりと語ることの重要さをより感じることになるでしょう。そして、多くの情報に振り回されるのではなく、主体的に考えていく力や省察する力、仲間と協働し、柔軟に対応していく力がますます求められていくと思われます。「**学び合う教師コミュニティ**」では、国内・海外の日本語教育関係者が新しい考え方や困難なことを乗り越えていく力を育み、下から支え続けていきたいと考えています。

5 さらに学ぶために

Cranton, P. (1992). *Working with adult leaners*. Wall & Emerson.［クラントン／入江直子，豊田千代子，三輪健二（訳）(1999).『おとなの学びを拓く ── 自己決定と意識変容を求めて』鳳書房.］

　　おとなの学習者とともに学習に取り組んでいる教育者を対象に、理論的な背景を含んだ実践を示した本です。成人教育の基礎理論を理解し、これを実践に生かすためのヒントが内包されています。

Schön, D. (1983) *The reflective practitioner: How professionals think in action*. Basic Books.［ショーン／柳沢昌一，三輪建二（監訳）(2007).『省察的実践家とは何か ── プロフェッショナルの行為と思考』鳳書房.］

　　『省察的実践とは何か』で実践の認識論を問うた本です。行為の中でどのように省察がおこなわれているのか、またこれを基にした専門職教育の在り方につ

いて、豊富な事例の検討がされています。

注

1) インタビューデータの原文については、わかりやすさを優先して日本語に関してのみ修正を加えた。

文　献

池田広子，朱桂栄（2017）．『実践のふり返りによる日本語教師教育 —— 成人学習論の視点から』鳳書房．

三輪建二（2009）．『おとなの学びを育む —— 生涯学習と学びあうコミュニティの創造』鳳書房．

柳沢昌一（2009）．「ラウンドテーブル：実践し省察するコミュニティを学び支える」『福井大学教職大学院 Newsletter』*11*,13–14.

Cranton, P. (1996). *Professional development as transformative learning: New perspectives for teachers of adults.* Wall Emeerson.［クラントン／入江直子・三輪建二（監訳）（2004）．『おとなの学びを創る —— 専門職の省察的実践をめざして』鳳書房．］

14章

ナラティブを生きる
「わたしたちのストーリー」
学習概念の転換を目指したリソース型教材

八木真奈美

1 ナラティブをリソースとする教材

　本稿では、ナラティブを学習のリソースとすることにより、学習概念の**転換**を目指した**教材**を紹介します（一部抜粋、中略あり）。

　　帰化したことが寂しくなかったか、というと、子どもが不利益を被るのは嫌だから。でも、寂しい、というより、友達と親戚たちには知られたくなかったんです。兄弟の中にも反対する姉もいまして、「帰化すると、今度あなた国に帰れないよ」とか。でも、私たちは血がつながってるから、いつか戻ってきなさい、そういう気持ちなんです。親はもうそうしなさいっていうんですけども、やはり、友達とか親戚たちに、本当にそのまま言うと、「え、なにか変わった」とかそういうふうに見られるのはちょっと嫌だなと思う気持ちがありました。自分の国が嫌いになったって、そう言われると困るので、だから友達にはあまり言わなかったですね。私はもう帰化してもう日本人だよとか、言わない。言っていません。

　これは、日本に移住されて来た方が語ったナラティブです。本稿で紹介する教材『わたしたちのストーリー[1]』は、移住者[2]のナラティブを学習のリソースとする教材です。一般的な「教材」からイメージされるモデル会話や新出語彙、文型、練習問題などはありません。それに替わり、上記で示したようなナラティブをそのまま載せています。

　本稿では、ナラティブを「語り」あるいは「語られたストーリー[3]」と考えています。そのうえで、クランディニン（Clandinin, 2007, p.xi）を参考に、その「語り」は対話的に展開されていくものとして捉えています。クランディ

ニン（2007）によれば、ナラティブ研究の多くは、インタビューなどを通して協力者が語ったストーリー（telling of stories）に焦点を当てたもので、その解釈や意味に関心を寄せています。他方、研究の協力者との関係性のなかで生きることを出発点とするナラティブ研究もあり、その主な焦点はストーリーを生きること（living of stories）だと言います。そして、この「telling of stories」と「living of stories」との違いは、過去に生きた人生と展開していく人生との違いだと述べています。

　教材には、移住者が語ったナラティブを載せていますが、それは移住者が過去に生きた人生の一部分と捉えます（telling）。しかし、読み手となる学習者や教師、支援者が語りをリソースとして共有することで、過去に語られた人生を自分の人生と照らして読み直す、あるいは生き直すことで、ナラティブが展開されていくと考えています（living）。そして、それは、再び読み手が自分の人生を語る（telling）ことにつながり、ナラティブの循環が紡がれていきます。このように、教材『わたしたちのストーリー』は、ナラティブを媒介として、これまでの教材とは全く異なる新たな学びの風景を提供したいと考えています。次節ではその学びについて述べていきます。

2　物語様式の「知」

　ここでは、学習する、知るということについて、考えてみます。「知る」ということには二つの方法、すなわち二つの認知作用があります。理論編でも触れられているように、二つの認知作用とは、論理－科学的様式（paradigmatic knowing）と物語様式（narrative knowing）のことです。

　一つの例として、たとえば、花粉症にかかったとします。花粉症の原因や免疫の仕組みなど、体のメカニズムを知ることは花粉症を理解していくことにつながります。同時に、私たちが日常よくやっているように、花粉症にかかった人の話を聞いて、花粉症を理解することがあります。晴れた日は辛いとか、どういう方法が楽になるなどと聞くことで、自分もそうだと共感したり、そういう捉え方もあるのかと気づいたりします。前者は論理―科学的な様式に基づく理解であり、後者は物語様式に基づく理解です。両者は相補的であり、人はその両方を生活の「知」として生きています。

同様に、言語教育においても、脳科学的な記憶のメカニズムや認知のプロセスを理解することはおそらく習得につながるでしょう。また、言語教師が認知のプロセスなどを知ることは学習者の習得を助けることにもなります。同時に、子どものころから言語学習が好きだったとか、こういう方法は上手くいかなかったなど、学習者の経験を聞くことで、自分一人では気がつかなかった方法やことばの使い方に気づいたり、私ももっと頑張ろうと思ったり、学習者同士の学びや学習の動機づけにつながっていきます。やはり、その両方が学習の「知」なのだと思います。

　教育の世界では、科学的な「知」が受け入れられやすいのだろうと思いますが、科学的な理論もその時代の背景やイデオロギーなどの影響を受けた歴史的・社会的・政治的な「知」の枠組みのなかでの「正しさ」であり、時代が移れば、科学的な「知」も変化していきます。したがって、どちらかに優劣があるということではなく、問題は、おそらく前者がより優れた教育的な「知」だと捉えられてきたことでしょう。したがって、個人の経験など、物語様式の「知」は、教育の方法や教材に取り入れられることはほとんどありませんでした。このような状態は、例えて言えば、シーソーの片側の台に多くの人が乗って、傾いている状態で、学びが非常に狭く、窮屈なものになっているように思います。

　この傾きは、教育や学習の方法にも影響を及ぼしていると考えます。私は2003年頃から、日本に住む移住者の方やその方たちが学んでいる教室を対象に調査をおこなって来ましたが、移住者の日本語学習環境は、その頃から驚くほど変わっていません。公的な日本語学習の制度が作られないことが、その大きな理由だと思いますが、もう一つの理由として、「言語学習」からイメージされる学習概念がなかなか変えられないということがあると思います。このことは教師や支援者、そして学習者にも言えることではないかと考えます。言語学習と言えば、教師が手本を示したり、文法説明をおこなったりする、一方、学習者は与えられた語彙を覚えたり、教師の指示のもとに練習したりする、このようなイメージがあるのではないでしょうか。そして、教材はと言えば、語彙や文型、場面などが予め決められた順番で並び、多くの場合、いつ、何を、どう学習するか、あるいは誰がこの教材のレベルに適しているか、などの決定権は教師など、実践者側にあります。もちろん、このよ

うな方法が適切な場合もあるでしょう。しかし、少なくとも私が調査で見聞きした移住者の生活と、このような学習には大きな乖離があると感じました。この点について、教材『わたしたちのストーリー』の「はじめに」でも言及しており、ここで紹介します（一部抜粋・中略あり）。

　　この本で目指したことは、「学習の風景」を変えることです。（言語）習得は大切なことですが、教師が知識を学習者に提示し、学習者がその知識を頭の中に貯金していくという「銀行型の教育」は、実は「習得」とは遠いところにあります。「習得」はもっと複雑なプロセスで、人のlife（生）に関わるものです。この本は、学習者が実際に話したストーリーが書かれているので、読んでいくと、ことばの学習というのは、生活、家族、仕事、社会、経済、政治、そして人生の中に埋め込まれていることがわかります。学習者の日常のストーリーをもとに話し合うことにより、学習者自身のアイデンティティの構築やエンパワーメント、さらに、学習者とサポーターがともに私たちが住む社会についてクリティカルに考えるための教材を作りました。

　このように、学習や習得そのものの概念を変えることを目指したのが、『わたしたちのストーリー』です。では、次節で教材を紹介します。

3　学習概念の転換を目指す教材

(1)『わたしたちのストーリー』について

　ここでは、教材の中身を紹介していきます。『わたしたちのストーリー』には、15編のストーリーがあります。ストーリーは、本にするという目的を伝えたうえで、インタビューに答えていただいたり、ご自身で書いてみたいという方に書いていただいたりして、集めたものです。こちらから、テーマを提示することはなかったので、ストーリーの内容は、冒頭にあげた帰化のほか、仕事、漢字や敬語、子どもと話す言語、好きなことなど、さまざまです。また、一般的な教材のように、文型やトピック、あるいは難易度によって、ユニットや課を分けるということはしていないので、並んでいるストーリーを見て、関心のあるものをどこからでも読んでもらえるようになっ

ています。そして、各ストーリーには、語り手の紹介、質問、ノートの三つ
のパートがあります。以下に紹介します。

「どんな人？」（語り手の紹介）

　先入観をもたずに、ストーリーを読んでもらいたいため、性別や年齢、出身国、
来日年数などは書いていません。この研究を進めるなかで、この教材のために
語ってくださった方々から、本当に多くを学び、一人ひとりに勇気づけられま
した。それを伝えたいということがあったため、一般的なプロフィールの代わ
りに、その方の人となりを伝えるためのエピソードなどを書きました。

「話し合いましょう」（話し合うきっかけとなる質問）

　たとえば、「あなたにも～のような経験がありますか」など、いくつかの質問
を用意しました。このパートは、語り（telling）を読み、自分の人生と照らし合
わせ（living）、そして、自分も語る（telling）という、ナラティブの展開を促すた
めのものです。

「わたしのノート」（気になったことを書き留めるノート）

　教材のなかで、使い方を紹介しています。

　以上、教材の中身について紹介しました。次節では、この教材を使った実
践について述べたいと思います。

（2）　学習概念の転換のために学習風景を変える

　ここでは、実際にこの教材を使ってどのように活動をおこなったかについ
て話したいと思います。前述したように、この教材は、どのページにもス
トーリーが並んでいるので、一見すると読解教材のように見えます。以前、
試験的にストーリーを使った実践をおこなった際、実践者が語彙や表現につ
いて学習者に質問したり、内容を確認したりして、読解授業になってしまっ
たということがありました。そのことから、学習概念を転換するためには、
教材だけでなく、学習の風景を変える必要があると気がつきました。

　学習の風景を変えるのは、むずかしいことではありません。私がとった方
法は、次の二つです。一つは、教師や支援者がすぐにできることとして、「教
師の立場を低くする」（Norton & Pavlenko, 2004）ということです。学習場面では、

いつ、何をおこなうかなど、さまざまな決定権が実践者側にあり、教師や支援者が学習内容や方法をコントロールしがちです。しかしながら、それは、明らかに力関係の不均衡を生みます。特に、言語学習において、教師がその学習言語のネイティブの場合、それは顕著に見られます。教師も支援者も、対等な参加者の一人という認識をもつことが大変重要だと思います。そのため、『わたしたちのストーリー』では、中国語・韓国語・英語・ベトナム語など、数カ国語のストーリーの翻訳を用意し、日本に来たばかりの学習者や読むことが苦手だという学習者に対応しています。したがって、いわゆる初級や中級というレベル分けはありません。また、同様の理由で、学習の場面での使用言語は日本語に限定しないこと、学習者の発話や間違いに対し、学習者から尋ねられない限り、修正フィードバックはおこなわないこと、これらを心がけるようにすることで、学習の風景はかなり変わります。

　もう一つは、日本語学習を広く捉え、「一人の人が生きる」ということと結びつけて考えることだと思います。ただ、このような考えを理念として掲げるだけでは学習の風景は変わらないので、具体的に実践に取り入れるための活動を示しました（図14-1）。まず、下段の「ミクロの活動」では、ストーリーやほかの参加者の発言などから、学習者自身が気になることばや表現を見つけ、隣の人や実践者に聞いて、「わたしのノート」に書いたり、付箋紙に書いて机に貼ったりして、共有します。次に、中段の「メゾの活動」では、ストーリーを読んで、自分の経験を話したり、ほかの参加者の経験を聞いたりすることによって、学習者同士、あるいは学習者と実践者との関係を作っていきます。そして、上段の「マクロの活動」では、社会につながる活動や発信を目指します。

図14-1　三つの活動（The Douglas fir group, 2016, p.25を参考に具体的な活動を筆者が作成）

実際に実践をおこなう際には、ここで紹介している三つの活動は、おそらく図のようにきれいに分けることはできないだろうと思います。逆に、ミクロの活動からステップを踏んで進めようとすると、実践者が実践をコントロールすることになってしまいます。大事なのは、実践者にとっての実践ではなく、学習者にとっての学習とはどのようなものか、日本語を使って生きるとはどのようなことか、ということを考える想像力をもつことだと思います。したがって、学習方法については、この図を見ながら、一緒に話し合うのがいいと思います。

（3）教師が何もしないと学習風景は自ずと変わる

以下に、この教材を使った例を二つ紹介します。実践者が何もしなくても、学習者は学ぶ、表現する、つながるという例です。

ミクロの活動 ── 生活を豊かにすることば

たとえば、市販の教材で、病院を学習のトピックとして取り上げる場合、病気の名前、身体の名称、症状、想定される病院での会話、それに対応した文型や会話などがあり、その練習をするということがあるかもしれません。『わたしたちのストーリー』にも、子どもと病院へ行った際、日本語で看護師に意思を伝えられず、つらかったというストーリーがあります。このストーリーを使った実践では、ストーリーを読んだ後、一人の参加者が「子どもが急に…」と経験を語り始めました。その後、各参加者から夏風邪、胃カメラ、麻酔、ピロリ菌、マンモグラフィー、漢方薬など、あまり一般の教材では取り上げられないことばが次から次へと出て、ほかの参加者は、話を聞いて、質問したりして、ことばが共有されていきました。それは、これらのことばが学習者の毎日の生活に必要な語彙であり、自分たちの生活を豊かにすることにつながることばだからだと思います。ですから、実践者が語彙を選んで示したり、レベルを調整したりする必要はないのだと思います。

マクロの活動 ── 実践者の想定を超える展開

「今でも忘れないことがある」というストーリーがあります。自分と友だちの子どもたちが集まってお茶を飲んだとき、牛乳が飲みたいと言った子どものお茶のコップを洗わないまま、牛乳を入れてしまった、自分の国では気にしないが、その子どもがびっくりしたようだったというストーリーです。

飲み物によってコップを分けるということについて、私は、日本と参加者の文化や習慣の違いという点から話が続いていくかと思いましたが、それはある種のステレオタイプの発想でした。実践では、ミクロなコップの話は経済的な問題という観点から展開されました。「文化大革命の時」はだめだったけど、「中国茶は匂いを楽しむ」からいろいろコップが違う、「経済が良くない時代は、（コップを分けることなど）全然考えない」「エコノミックリーズン」などです。このやり取りは、決してスムーズに進んだわけではなく、途切れ途切れに話したり、誰かが通訳をしたりしましたが、一人の発言によって、次の発言が促され、すべての参加者が話をしました。その日の振り返りシートでは、「ほかの人の日本での生活と（中略）いろいろな文化を交流したり、とてもうれしかった」というコメントがありました。

　実践からわかったことは、教師という立場の人がいなくても、また、いたとしても、学習者は自ら自分を表現し、実践は教師の想定を軽々と超えてくるものだということです。その一つひとつを肯定していけば、学習の風景は変わります。このように、『わたしたちのストーリー』は、実践を転換させるきっかけを提供できるのではないかと思います。

4　ナラティブを生きる

　これまで、多くの移住者の方のお話を聞いて私が思ったことは、言語学習の目的は何だろうか、ということでした。ある人から、「何週にもわたって「あいうえお」ばかり勉強して、日本語が嫌になった」という話を聞きました。こうした声を聞いていると、学習そのものが目的化していて、学習した言語を使って「何を実現したいのか」あるいは「どのような自分になるのか」という議論が抜け落ちているように思います。

　教材『わたしたちのストーリー』で紹介するナラティブは、語った方の過去の人生であると同時に、読み手がそれを生き直すことによって、対話的に展開されていくことを意図したものです。河野（2020, p.9）のことばを借りれば、教材のストーリーを読んだり、ほかの学習者の語りを聞いたりして、「新しい考えや視点が創発」され、そこで「創発した考えや新しい視点に照らし合わされて、自分の経験と発話も新しい枠組みから意味づけられ」「新しい

自己が生み出され」る、と言えるでしょう。

　そうして、「新しい自己を生きる」ことが、「**生の質**（青木，2006）[4]」を高めていくことにつながり、それこそが、言語学習の目的なのではないかと考えます。『わたしたちのストーリー』は、学習者の生の声を集めたものだということが何よりの強みです。学習者の声が、学習の風景を変え、そして、学習概念の転換につながっていくことを希望しています。

5　さらに学ぶために

八木真奈美，池上摩希子，古屋憲章（2019）．個人の経験を社会・変革・未来へつなげる実践を目指して —— ナラティブをリソースとする教材作成の試み『言語文化教育研究』*17*，405-423.

　本章で紹介している教材は、ナラティブを教育実践に生かすために作ったものですが、上記の論文は、本教材の前身となった冊子『わたしの物語』や活動集『わたしたちのストーリー』の作成の経緯や意義、および、これらを地域や教員養成で使用した実践について紹介しています。また、冊子『わたしの物語』や活動集『わたしたちのストーリー』などは「人によりそい、社会と対峙する日本語教育研究会」のウェブサイト（https://www.jl-education.com）で見ることができます。

注

1) 教材『わたしたちのストーリー』は、近く刊行予定です。
2) 「移住者」は、「国籍の有無や永住かどうかを問わず、海外から日本に移動して来た人々」（八木，池上，古屋，2019）の意味で用います。
3) ここでの「ストーリー」は、はじめ、中、終わりのある「話」の意味で用います。
4) 青木は、教師にとっての「生の質」（クオリティ・オブ・ライフ）について、「日々の営みの中に喜びを見出し、自分の可能性が最大限実現でき、満足が得られることである」としていますが、これは学習者にも当てはまるものだと考えます。

文　献

青木直子（2006）．教師にとっての「生の質」『2006年度日本語教育学会秋季大会予稿集』37–42.

河野哲也（2020）．因果法則，物語，対話――心の科学の成り立ちと行く先『N：ナラティヴとケア』11，4–10.

Clandinin, D. J. (2007). *Handbook of narrative inquiry: mapping a methodology.* Sage Publications.

Norton, B., & Pavlenko, A. (2004). Addressing gender in the ESL/EFL classroom. *TESOL QUARTERLY, 38*(3), 504–513.

The Douglas Fir Group. (2016). A transdisciplinary framework for SLA in a multilingual world. *The Modern Language Journal, 100*(s1), 19–47.

おわりに

　本書が企画されたのは、2018年に遡ります。3名の編者は、それぞれナラティブを用いた研究と実践に携わってきました。しかし、ナラティブと一口に言ってもその捉え方と用い方は多様です。そこで、3名のそれぞれの得意な分野を持ち寄り、言語教育におけるナラティブ全体を貫いて示すことができないかという問題意識が本書の出発点です。その道のりは困難を極めました。ナラティブの捉え方、ナラティブを用いた研究法は幅広く、仮に捉え方が共通していたとしても研究法が同じであるとは限らず、究極的には研究者それぞれのナラティブ観と研究法があるというのが実情です。

　それでも、ナラティブという考え方の共通項を抽出し、ナラティブが研究と実践に対してもちうる意義という観点から整理し、提示することが言語教育にとっては有益だろうというところまで来ました。気づけば3年が経ち、社会は、新型コロナウイルスという災禍の中にいました。アフターコロナの世界がどのような社会になるのか、まだ私たちの知るところではありません。ただ、わかっていることは、富や情報の格差や主義主張の違いによって分断を深めつつあるということと、今後よりいっそう、人と人が出会い、対話することが重要になるということです。人と人が出会い、対話するところにナラティブは生まれます。またナラティブという考え方は、その対話の意味をより深いものにしてくれます。

　だからこそ、言語教育においてナラティブという考え方がより重要になってくると私たちは思うのです。本書がナラティブによって言語教育の世界をより豊かにすることに少しでも貢献できればと編者一同願っております。

　最後に、本書の刊行にあたってご尽力いただき、常に的確なアドバイスで私たちを励まし続けてくださった新曜社の大谷裕子さんに心より御礼申し上げます。

2021年4月30日

編者一同

人名索引

事項索引

著者紹介 (＊は編者)

＊北出慶子（きたで けいこ） **[1・2・5・8章]**
立命館大学文学部 言語学・日本語教育専攻／言語教育情報研究科 日本語教育プログラム 教授。博士（Ph.D.）。専門は日本語教育、日本語教師教育、異文化間コミュニケーション。Georgia Southwestern College、University of Hawaii Kapiolani Community College などを経て現職。主著に "The Encyclopedia of Applied Linguistics"（Wiley-Blackwell, 2013年, 分担執筆）、『TEMでひろがる社会実装 —— ライフの充実を支援する』（2017, 誠信書房, 分担執筆）などがある。

＊三代純平（みよ じゅんぺい） **[3・5章・実践編 Introduction・11章]**
武蔵野美術大学造形学部 准教授。博士（日本語教育学）。専門は日本語教育。仁川外国語高等学校、徳山大学等を経て、2013年より現職。主著に『実践研究は何をめざすか —— 日本語教育における実践研究の意味と可能性』（2014, ココ出版, 共編著）、『日本語教育学としてのライフストーリー —— 語りを聞き、書くということ』（2015, くろしお出版, 編著）『産学連携でつくる多文化共生 —— カシオとムサビがデザインする日本語教育』（2021, くろしお出版, 共編著）など。

＊嶋津百代（しまづ ももよ） **[4・5・12章]**
関西大学外国語学部、同大学院外国語教育学研究科 教授。博士（言語文化学）。専門は日本語教育、日本語教師教育、談話研究。韓国の高麗大学校文科大学日語日文学科 助教授を経て、2015年より現職。主著に『第二言語リテラシーとストーリーテリング活動 —— 次世代の日本語学習者のコミュニケーションのために』（2015, J&C［韓国］, 単著）、『ことばで社会をつなぐ仕事 —— 日本語教育者のキャリア・ガイド』（2019, 凡人社, 共編著）など。

本間祥子（ほんま しょうこ） **[6章]**
日本大学国際関係学部 助教。博士（日本語教育学）。専門は年少者日本語教育。2020年より現職。主著に『移動とことば』（2018, くろしお出版, 分担執筆）、「日本語を学ぶ子どもたちへのことばの教育は何を目指すのか —— 学校現場における年少者日本語教育実践の変革に向けて」『早稲田日本語教育学』2018, 24, 181-200 など。

豊田　香（とよだ かおり） **[7章]**
拓殖大学別科 特任講師。博士（教育学）。専門は社会教育、英語教育。主著に、『社会教育研究における方法論』（2016, 東洋館出版社, 分担執筆）、「専門職大学院ビジネススクール修了生による生涯学習型職業的アイデンティティの形成 —— TEA分析と状況的学習論による検討」『発達心理学研究』2015, 26(4), 344-357 など。

198

矢部まゆみ（やべまゆみ）　[9章]

明治学院大学教養教育センター 非常勤講師、横浜国立大学国際戦略推進機構 非常勤講師。修士（文学）。専門は日本語教育。主な論文に「対話教育としての日本語教育についての考察──〈声〉を発し、響き合わせるために」『リテラシーズ1──ことば・文化・社会の日本語教育へ』(2005, くろしお出版, 単著) など。

宮崎聖乃（みやざき きよの）　[10章]

市民団体「ヒューマンライブラリー Nagasaki 実行委員会」代表、長崎県立大学非常勤講師。M. A. (Applied Japanese Linguistics)。専門は日本語教育と異文化間コミュニケーション。主著に『ヒューマンライブラリー──多様性を育む「人を貸し出す図書館」の実践と研究』(2018, 明石書店, 分担執筆) など。

千葉美由紀（ちば みゆき）　[11章]

公益財団法人 国際文化フォーラム シニアプログラムオフィサー。日本で暮らす人たちへのインタビュー記事を発信するウェブサイト「くりっくにっぽん」(https://www.tjf.or.jp/clicknippon/)、学生のインタビュー記事を掲載するウェブサイト「ときめき取材記」(http://www.tjf.or.jp/tokimeki/) などを担当。

池田広子（いけだ ひろこ）　[13章]

目白大学外国語学部、同大学院日本語・日本語教育専攻 教授。博士（人文科学）。専門は日本語教師教育、ビジネス日本語教育。主著に『日本語教師教育の方法──生涯発達を支えるデザイン』(2007, 鳳書房, 単著)、『実践のふり返りによる日本語教師教育──成人学習論の視点から』(2017, 鳳書房, 共著) など。

八木真奈美（やぎ まなみ）　[14章]

駿河台大学グローバル教育センター 教授。博士（文学）。専門は日本語教育、質的研究法。主著に『人によりそい、社会と対峙する日本語教育──日本社会における移住者のエスノグラフィーから見えるもの』(2013, 早稲田大学出版部, 単著)、『わたしたちのストーリー』(2021 刊行予定, ココ出版, 編著) など。

ナラティブでひらく言語教育
理論と実践

初版第 1 刷発行　2021年 6 月25日

編　者	北出慶子・嶋津百代・三代純平
発行者	塩浦　暲
発行所	株式会社　新曜社

101-0051　東京都千代田区神田神保町 3 - 9
電話（03）3264-4973（代）・FAX（03）3239-2958
e-mail : info@shin-yo-sha.co.jp
URL : https://www.shin-yo-sha.co.jp

組版所	Katzen House
印　刷	星野精版印刷
製　本	積信堂